한 권으로 끝내는
절세배당 은퇴공식

한 권으로 끝내는
절세배당 은퇴공식

세금·건보료 줄이는 현금 흐름 만들기

김제림 지음

매일경제신문사

은퇴를 강요당하는 사회에서 살아남기

　은퇴는 권하면서도 정작 은퇴 준비는 막는 사회. 저성장으로 기업들의 인력 감축이 계속되면서, 은퇴에 대한 부담을 느끼는 연령은 이미 50대에서 40대로 내려왔다. 40대 직장인이라면 누구나 '과연 몇 년이나 더 다닐 수 있을까?'라는 생각을 해본 적이 있을 것이다. 은퇴는 40대에도 가능하지만, 연금을 받을 수 있는 나이는 퇴직연금이 55세, 국민연금이 65세다. 그마저도 그 나이가 되었다고 해서 풍족한 노후 생활을 보장받을 수 있다는 보장은 없다.

　사회는 은퇴를 강요하지만 막상 준비하려면 난관이 많다. 자녀 사교육비와 비싼 집값을 마련하는 데 돈을 쓰다 보면 개인연금을 넣을 여력은 부족하다. 회사에서 주는 퇴직금은 내 집 마련할 때 중간 정산으로 깨는 경우가 많고, 은퇴 시 받은 퇴직금도 주택 담보 대출을 갚고 나면 남는 돈이 별로 없다.

　이렇게 준비가 미흡한 상태에서 은퇴가 몇 년 앞으로 다가오거나 원하지 않은 시점에 갑작스럽게 은퇴하게 되면, 경제적 불안감이 조급함으로 이어진다. 그리고 그 조급함은 '단기간에 고수익'이라는 유혹에 쉽게 흔들린다. 주식시장을 취재하면서 만난 리딩방 같은 사기에 속은 사람들에게는 공통점이 있었다. 은퇴한 지 얼마 안 되어 퇴직금이 손에 있거나, 질병 보험금을 받아 목돈이 생긴 경우였다. 은퇴나 중병으로 인해 목돈은 생겼지만, 심리적으로는 지치고 불안한 상황에서 앞으로가 막막해지면, 평소 같았으면 넘겼을 투자에도 쉽게 눈이 가기 마련이다.

리딩방 같은 사기뿐만 아니라, '한 방'을 노린 테마주 투자에 빠지는 경우도 많다. 은퇴자들은 손에 쥔 퇴직금으로 앞으로 몇십 년을 살아야 하는 막막한 현실 앞에서, 종잣돈을 빨리 불려야 한다는 조급함에 사로잡히기 쉽다. 그러나 그런 조급함은 대부분 나쁜 결말로 이어진다.

꾸준한 현금 흐름을 만들 수 있는 배당투자를 해놓으면 은퇴 후에도 여유 있는 생활이 가능하다고들 말한다. 하지만 현실은 녹록지 않다. 세금과 건강보험료 때문이다. 주변에서 '배당을 많이 받아도 건강보험료로 다 나간다'라는 말을 듣다 보면, 배당금을 받기 위한 장기 보유보다는 결국 주가 상승만을 노리는 단기 투자를 선택하게 된다.

배당의 장점을 누리면서도 세금과 건강보험료를 피할 수 있는 가장 좋은 방법은 연금 계좌 같은 절세 계좌를 활용하는 것이다.

세금 혜택을 받을 수 있는 계좌이기 때문에 1년에 납입할 수 있는 금액은 정해져 있지만, 은퇴를 준비하고 있다면 하루라도 빨리 계좌를 만들어야 한다. 부동산이 아닌 금융자산으로도 세금과 건강보험료 걱정 없이 노후의 버팀목을 만들 수 있는 방법, 그것이 바로 이 책이 제시하려는 은퇴 재테크의 큰 방향이다.

은퇴를 위한 투자는 장기전이다. 투자 기간이 길수록 수익률이 높아지는 이유는 단지 복리 효과 때문만은 아니다. 하락장을 견디고 회복할 수 있는 시간이 생기기 때문이다. 이 책을 쓰는 동안, 4월에는 트럼프 전 대통령의 관세 정책 때문에 전 세계 증시가 폭락했지만, 5월에는 대부분 회복되었다. 앞으로 또 하락장이 올 수도 있겠지만, 주식시장은 역사적으로 결국 회복하고 우상향해 왔다.

증권사나 운용사에서는 수시로 신상품을 내놓고 '요즘 테마'를 이야기하지만, 테마를 자주 바꾸기보다는 S&P500이나 코스피 같은 지수에 꾸준히 투자하는 것이 오히려 나은 전략일 수 있다. 중요한 건, 한 달이라도 빨리 시작해 꾸준히 투자하는 것이다. 미국 대신 한국 증시에 투자했다고 해서 은퇴 자금이 급격히 줄어드는 것도 아니고, 전기차 대신 양자컴퓨터에 투자한다고 해서 노후 자산이 폭발적으로 늘어나는 것도 아니다. 주식시장에는 항상 '핫'한 테마가 등장하지만, 결국 복리 효과를 가져가는 사람은 꾸준히, 분산 투자를 한 사람들이다.

은퇴까지 5년 남았다면, 지금부터는 월급 없이 살아야 할 시간이 직장 생활보다 더 길 수도 있다. 이 책은 그동안 여러 사정으로 은퇴 준비가 부족했던 사람들을 위한 일종의 '벼락치기 플랜'이다. 5년이라는 시간은 짧지만 결코 짧지만은 않은 시간이다. 그 안에 연금 계좌에 최대한 많이 납입하고, 비과세 혜택을 챙기며 은퇴자금을 불리는 수밖에 없다. 뉴스에서는 억대 연봉자, 명예퇴직금 수억 원을 받는 사례가 소개되지만, 그런 경우는 극소수다. 대부분은 한정된 은퇴 자금으로 아껴서 살아야 한다. 평균적인 직장인이라면, 5년간의 집중적인 준비와 국민연금을 더하면 그럭저럭 안정된 노후 생활을 꾸릴 수 있다.

은퇴를 미리 준비했든, 준비가 부족했든, 누구나 은퇴 이후 새로운 삶에 대한 막막함은 느끼게 된다. 이 책을 읽는 독자들이 그 막막함 속에서도, 적어도 경제적인 불안만큼은 덜어낼 수 있기를 바란다.

김제림

[서문] 은퇴를 강요당하는 사회에서 살아남기   4

1장 • 배당투자로 은퇴를 준비하라

월세도 창업도 어려워진 시대   14
국민연금, 퇴직금만으로 살 수 있을까?   21
배당이 연금보다 좋은 다섯 가지 이유   27
은퇴 이후에 현금 흐름을 책임지는 배당투자   33
배당투자, 실천을 위한 첫 단계   37
이것만은 알고 가세요! 은퇴 재테크 전에 꼭 점검해야 할 네 가지   43

2장 • 세대별 맞춤 배당투자 전략

은퇴 준비의 골든타임, 5년 투자 설계   50
40대 - 절세와 절약으로 복리를 쌓는 시간   61
50대 - 국민연금 수령 전까지의 10년을 계획하라   71
60대 - 연금소득 구간별 세금 대비가 핵심이다   77
이것만은 알고 가세요! 퇴직급여, 어떻게 받느냐에 따라 세금이 다르다   81

3장 • 배당투자, 무엇을 선택할까?

미워도 국내 주식 vs. 잘나가는 해외 주식	86
따박따박 월 배당 vs. 잊을만하면 받는 연 배당	91
심심한 은행주 vs. 업사이드 많은 증권·통신주	95
확신 있다면 개별주 vs. 선택지가 많은 ETF	103
SCHD vs. 미국배당다우존스 시리즈 ETF	105
천천히 꾸준한 펀드 vs. 빠르고 유연한 ETF	109
커버드콜 ETF vs. 고배당주 ETF	113

4장 • 수익률을 갉아먹는 복병, 건강보험료와 세금

세 부장의 은퇴 전략으로 보는 수익률의 차이	118
은퇴 후에도 계속 오르는 건강보험료와 세금	128
MZ와 다른, 50대의 배당 전략	131
은퇴자의 든든한 절세 무기, ISA	134
건강보험료 폭탄 피하기	138
분리과세가 나을까, 종합과세가 나을까?	144
이것만은 알고 가세요! 연금을 더 빨리 키우고 싶다면, ISA 전환 납입을 활용하자	148

5장 • 은퇴자에게 인기 많은, 위험한 상품들

초고배당 커버드콜 ETF의 두 얼굴	152
브라질 채권, 고금리 유혹과 환율 함정	158
ELS 만기상환, 세금 폭탄으로 돌아온다	161
리츠, 고배당 뒤에 숨은 유상증자 리스크	165
공모주 투자, 더 이상 '따블 신화'는 없다	170
이것만은 알고 가세요! 주식만큼 위험할 수 있는 장기채	174

6장 • 배당의 빈틈을 메워라, 금·달러·성장주

세금은 없고, 가격은 오르는 금 투자	178
흔들리는 증시, 믿을 건 달러와 엔화	183
배당 안정성에 성장 잠재력 한 스푼	189
개인투자용 국채 완전 정리	193
이것만은 알고 가세요! 배당 비과세 사라져도, 해외 ETF는 담아야 하는 이유	197

7장 • 퇴직금 운용 방법과 국민연금 활용법

퇴직급여 일시금으로 받을까, 연금으로 받을까?	202
퇴직연금 계좌 운용 방법	209
내 연금은 어떻게 받을까?	214
알아서 굴러간다, 자동투자 디폴트옵션	219
국민연금 깨지 마세요!	225
국민연금, 조기 수령이 정답일까?	230
1년 늦출수록 7.2% 더 받는 연기연금	235
집 한 채로 만드는 평생 연금	239
이것만은 알고 가세요! 비싼 집으로도 주택연금 받을 수 있다	242

부록

[부록 1] 은퇴자가 알아야 할 숫자 다섯 가지	246
[부록 2] 은퇴를 생각한다면 자주 방문해야 할 홈페이지 10곳	249

1장

배당투자로 은퇴를 준비하라

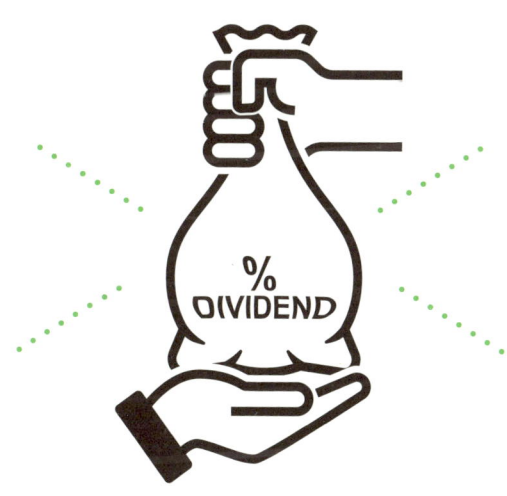

월세도 창업도
어려워진 시대

휴가는 떠나는 순간보다 준비하는 시간이 더 설렌다. 업무에서 벗어나 새로운 일상을 맞이할 수 있다는 기대만으로도 마음이 들뜨기 마련이다. 그렇다면 단기간의 휴가가 아니라, 평생에 걸친 '무급 휴가'를 떠올려 본다면 어떨까? 은퇴라는 이름의 긴 휴식이 당장 5년 앞으로 다가왔다면, 지금 우리는 어떤 마음가짐으로 무엇부터 준비해야 할까?

은퇴를 앞둔 이들이 마주하는 고민은 가볍지 않다. 남은 시간을 어떻게 보낼 것인가, 건강은 어떻게 관리할 것인가, 사회적 관계는 어떻게 유지할 것인가 등 수많은 물음이 떠오른다. 그러나 그 가운데서도 가장 절실한 문제는 단연 돈이다.

50대 이상 은퇴자 400명이 말하는 은퇴 후 후회되는 것들

출처: 미래에셋투자와연금센터

미래에셋투자와연금센터가 퇴직한 50대 이상 남녀 400여 명을 대상으로 실시한 조사에 따르면, 은퇴 전에 미리 준비하지 못해 가장 후회한 점으로 재정 관리를 첫손에 꼽았다. 그 뒤를 이은 퇴직 후 일자리 계획과 관련한 후회 역시 경제적 문제와 깊이 연결되어 있었다. 노후 준비가 충실히 이루어진 소수를 제외하면, 은퇴를 앞두고 가장 큰 걱정은 결국 '돈'이라는 데 이견이 없다.

은퇴하면 월 200만 원이 필요한데, 예금이자는 2%

실제 필요한 생활비 규모를 보면 이 고민이 과장이 아니라는 것을 알 수 있다. 국민연금공단 국민연금연구원의 조사에 따르면, 중·고령층이 생각하는 최저 노후 필요 생활비는 개인 기준 136만 1,000원, 부부 기준 217만 1,000원이다. 적정 생활비는 각각 192만 1,000원과 296만 9,000원에 달한다. 이 수치를 기준으로 계산하면, 부부가 매달 296만 원을 감당하려면 연 2.5% 이자율 기준으로 최소 15억 원의 자산이 필요하다.

여기서 '최소'라는 단서를 붙인 이유는 연간 이자 소득이 2,000만 원을 초과하면 금융소득종합과세 대상이 되고, 건강보험료 또한 급격히 상승하기 때문이다. 결국 세금과 보험료까지 고려하면, 단순히 예금만으로는 안정적인 노후를 기대하기 어렵다.

이러한 현실 앞에서 많은 은퇴자는 창업에 도전하거나 부동산을 매입해 월세 수익을 기대하는 선택을 한다. 그러나 이제는 이

중·고령자의 주관적 노후 필요 생활비 수준

거주지	최소 노후 생활비 (부부)	최소 노후 생활비 (1인)	적정 노후 생활비 (부부)	적정 노후 생활비 (1인)
전체	217.1만 원	136.1만 원	296.9만 원	192.1만 원
서울	248.2만 원	156.8만 원	337.1만 원	219.8만 원
광역시	215.3만 원	130.7만 원	298.7만 원	186.0만 원
도	208.3만 원	132.1만 원	283.6만 원	186.3만 원

출처: 국민연금공단

두 가지 방법 모두 과거만큼 안정적인 수단이 되지 못한다. 자영업자와 은퇴자가 급증한 인구 구조 속에서 수익률은 점점 낮아지고 있으며, 은퇴 이후의 삶을 꾸준히 유지하기 위한 현실적인 대안을 찾기는 그 어느 때보다 어려워졌다.

반복되는 실패의 구조, 자영업이라는 함정

직장에 다니는 동안 창업 아이템을 구체적으로 준비한 이가 아니라면, 은퇴 후 창업은 대개 음식료 업종을 선택하게 된다. 그러나 한국은 자영업자의 무덤이라 불릴 만큼 경쟁이 치열한 환경이다. 퇴직금을 창업 자금으로 사용하고도 부족할 경우 대출에 의존하게 되는데, 이때 발생하는 높은 이자와 임대료는 은퇴 이후의 삶을 더욱 위태롭게 만든다.

한국금융연구원 김현열 연구위원의 〈고령층 자영업 차주의 부채 현황과 시사점〉에 따르면, 금융 기관에서 대출을 받은 65세 이상 자영업자의 부채 규모는 평균 연 소득의 10배를 웃돈다. 평균 연 소득이 4,600만 원인 이들의 총대출 잔액은 4억 5,000만 원에 달한다. 다른 연령대 역시 사정은 비슷하다. 40대와 50대 자영업자의 연 소득은 각각 5,300만 원, 60~64세는 4,800만 원 수준으로, 세대를 불문하고 부채 부담은 과중하다.

자영업의 수익률이 낮은 가장 큰 이유는 진입 장벽이 지나치게 낮기 때문이다. 소액 자본만으로도 카페나 식당 창업이 가능하지만, 그만큼 경쟁도 치열하다. 통계청에 따르면, 2024년 커피 전문점 종사자는 28만 9,000명으로, 한 해에 1만 9,000명 늘어났다. 그러나 폐업도 많아 작년 한 해 동안 1만 2,000개 이상의 커피 전문점이 문을 닫았다.

커피 전문점만의 문제가 아니다. 2024년 한 해 동안 폐업한 자영업자는 총 98만 명에 이르렀으며, 폐업률은 평균 9%, 음식업은 16.2%로 가장 높았다. 신규 창업 대비 폐업 비율은 무려 79.4%에 달했다. 폐업 사유 중 가장 큰 비중을 차지한 것은 사업 부진(49.2%)이었다. 최저임금 인상과 급등한 원재료 가격을 고려하면, 일시적 수요에 기대는 방식으로는 안정적인 노후 준비가 어렵다.

부동산 임대소득 역시 상황이 크게 다르지 않다. 상가 같은 비주거용 부동산은 공실 위험이 크고, 오피스텔과 지식산업센터 등 수익형 부동산도 공급 과잉으로 인해 수익성과 환금성이 모두 악화되고 있다. 월세 수익이 끊기는 동안 관리비 같은 고정비용은 계속 발생해 현금 흐름이 나빠진다.

상대적으로 안정적이라 여겨지는 주거용 부동산 역시 한계가 뚜렷하다. 아파트 전월세 전환율이 약 5% 수준인 상황에서, 전세가가 매매가의 90%에 이르는 지역이라면 실질적인 월세 수익은 3억 원짜리 아파트를 산다고 하더라도 연간 약 1,350만 원에 불과하다. 여기에 취득세, 등록세, 중개 수수료, 재산세 등을 제하면 실수령액은 더 줄어든다. 과거 기대했던 시세 차익마저 어려워진 지금, 아파트 월세 수익만으로 노후 재정을 충당하기란 쉽지 않다.

대안은 존재한다: 배당과 연금

창업과 월세 수익이라는 기존의 방법이 한계를 드러내고 있지만, 대안이 없는 것은 아니다. 주식투자를 통한 배당소득과 연금소득이 그 대안이 될 수 있다.

배당은 기업이 이익의 일부를 주주에게 배분하는 것으로, 고배당주로 불리는 일부 기업은 은행 예금 이율의 두세 배에 해당하는 5% 이상의 배당수익률을 제공한다. 안정적인 배당 수익을 꾸준히 쌓아 간다면, 은퇴 이후에도 일정한 현금 흐름을 기대할 수 있다.

또한 연금 계좌를 통해 세제 혜택을 받으며 수익을 장기적으로 축적한다면, 노후의 경제적 불안은 상당 부분 해소될 수 있다. 복리의 힘이 시간이 지날수록 극대화된다는 점을 감안하면, 은퇴까지 남은 5년이라는 시간도 짧지 않다.

지금부터 준비를 시작한다면, 은퇴 이후에도 꾸준한 수익원을 만들어 가는 것은 충분히 가능하다. 물론 배당과 연금만으로 모든 문제를 해결할 수는 없다. 하지만 이 둘을 중심으로 한 전략적인 준비가 불확실한 미래를 대비하는 가장 현실적인 출발점이 될 것이다. 이제 필요한 것은 구체적인 계획과 꾸준한 실행이다.

국민연금, 퇴직금만으로
살 수 있을까?

 2024년 통계청의 가계금융복지조사에 따르면, 가구주가 은퇴하지 않은 가구의 최소 생활비는 240만 원, 적정 생활비는 336만 원으로 나타났다. 기본적인 의식주를 유지하는 데 필요한 최소 비용이 240만 원이라면, 은퇴 전과 크게 다르지 않은 수준의 생활을 유지하기 위해서는 336만 원이 필요하다는 의미다.

 자녀가 독립한 은퇴 가구라고 하더라도 생활비 지출은 크게 줄어들지 않는다. 통계청이 발표한 2024년 표준 생계비에 따르면, 2인 가구는 월 468만 원, 3인 가구는 591만 원, 4인 가구는 800만 원의 생계비가 필요한 것으로 나타났다. 물론 이 수치에는 주거비(주택 담보대출, 전월세 비용), 조세·공과금, 교육비까지 포함되어 있어 이를 제외하면 2인 가구 기준 약 300만 원 수준으로 추정된다.

은퇴 후에는 더 이상 경제활동을 하지 않으므로 지출도 줄어들 것으로 생각하기 쉽지만, 실상은 다르다. 생활비가 크게 줄지 않는 이유 중 하나는 '시간'이다. 직장에 다닐 때 평일보다 주말에 지출이 많았다는 점을 상기하면, 하루하루가 주말과 같은 은퇴 후의 생활에서는 오히려 지출이 늘어날 수 있다. 결국 은퇴 후에도 생활비의 감소 폭은 제한적일 수밖에 없다.

3층 연금 체계의 현실적 한계

노후를 대비하는 3층 연금은 국민연금, 퇴직연금, 개인연금으로 구성된다. 그렇다면 국민연금과 퇴직연금만으로 안정적인 생활이 가능할까? 일반적으로 국민연금은 기초 생활을, 퇴직연금은 안정적인 생활을, 개인연금은 여유로운 생활을 뒷받침하는 구조로 설계되어 있다. 그러나 현실은 다르다. 국민연금과 퇴직연금을 모두 합해도 최소한의 생활비인 240만 원을 간신히 충당할 수 있는 수준에 불과하다.

국민연금공단의 공표 통계에 따르면, 2024년 국민연금의 월평균 수급액은 66만 9,523원이다. 처음으로 월 300만 원 이상 수령자가 등장하였으나, 전체 수급자의 40.99%는 월 20~40만 원을,

20.46%는 40~60만 원을 수령하고 있어 60만 원 미만 수령자가 70%를 넘어선다. 월 300만 원 이상 수령자는 37년간 가입을 유지하고 연기연금 제도를 활용한 매우 예외적인 사례다.

    퇴직금 또한 노후를 온전히 책임지기에는 역부족이다. 미래에셋투자와연금센터의 조사에 따르면, 50대 직장인이 예상하는 퇴직 시점의 평균 퇴직금은 1억 2,923만 원이다. 이는 중간 정산과 이직이 잦은 현실을 반영한 결과로, 주택 구입 등을 위한 중도 인

평균 소득에 따른 국민연금 수령액   단위: 만 원

월평균 소득	가입 기간				
	20년	25년	30년	35년	40년
200	51	63.8	76.5	89.2	101.9
250	56.1	70	84	98	111.9
300	61.1	76.3	91.5	106.7	122
350	66.1	82.6	99	115.5	132
400	71.1	88.8	106.6	124.3	142
450	76.1	95.1	114.1	133	152
500	81.1	101.4	121.6	141.8	162
550	86.2	107.6	129.1	150.6	172.1
600	91.2	113.9	136.6	159.3	182.1

출처: 국민연금공단

출과 이직 시 수령으로 인해 실제 퇴직 시 손에 쥐는 금액은 줄어들 수밖에 없다. 더욱이 퇴직금이 생활비로 소진되거나, 용처조차 명확하지 않은 경우도 많다.

이직 경험자의 43.8%는 퇴직급여를 모두 사용한 것으로 나타났다. 이들의 예상 퇴직연금 자산은 9,208만 원으로, 퇴직급여를 연금 계좌로 이체한 응답자 자산(1억 8,517만 원)의 절반 수준에 그쳤다. 중간 정산 또는 중도 인출을 경험한 50대 직장인은 35.3%에 달했으며, 이직 시 이체하지 않은 퇴직급여의 사용처로는 주택 구

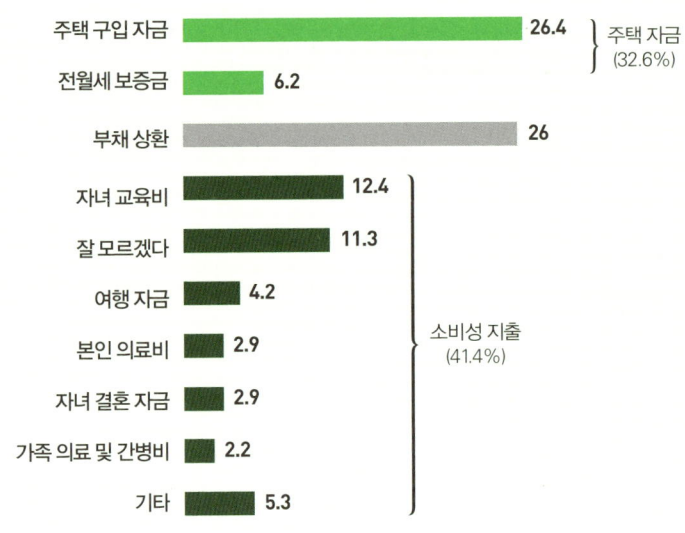

이체하지 않은 퇴직급여의 사용처

항목	비율
주택 구입 자금	26.4
전월세 보증금	6.2
부채 상환	26
자녀 교육비	12.4
잘 모르겠다	11.3
여행 자금	4.2
본인 의료비	2.9
자녀 결혼 자금	2.9
가족 의료 및 간병비	2.2
기타	5.3

주택 자금 (32.6%)
소비성 지출 (41.4%)

* 직전 퇴직한 회사로부터 받은 퇴직급여를 일부 또는 전부를 지출한 응답자 450명 대상
** 소비성 지출: 자녀 교육비, 여행 자금, 본인 의료비, 자녀 결혼 자금, 가족 의료비, 잘 모름 및 기타

출처 미래에셋투자와연금센터

입 자금이 26.4%, 전월세 보증금 6.2%, 부채 상환 26%였다. 소비성 지출도 41.4%를 차지했고, 여행 자금(4.2%)이나 '잘 모르겠다'라는 응답도 존재했다.

퇴직금을 평균 1억 2,000만 원 수령한다고 가정할 때, 이를 30년간 분할 수령하면 월 50만 원 정도의 연금이 가능하다. 결국 국민연금 수급액 66만 원과 퇴직연금 50만 원을 더해 한 사람이 116만 원, 부부 기준으로 232만 원 수준이다. 이는 간신히 최소 생활비에 도달하는 수준이며, 개인연금이나 추가 소득 없이 여유로운 노후를 기대하기는 어렵다.

자산보다 중요한 것은 현금 흐름이다

아파트처럼 보유 자산이 많더라도 당장 손에 들어오는 현금이 적으면 소비를 줄일 수밖에 없다. 보유 자산에서 현금 흐름이 발생하지 않으므로, 자산을 유지한 채 소비를 줄여 장수 리스크와 같은 미래의 불확실성에 대비했던 것이다. 자본시장연구원에 따르면, 자산이 많더라도 소득이 부족한 경우에는 소비를 크게 줄이는 경향이 있으며, 이는 노후 소비를 결정짓는 핵심 요인이 자산 규모보다 현금 흐름임을 시사한다.

최근 고령자의 금융 자산 비중은 증가 추세에 있으나, 그 내용은 여전히 제한적이다. 2008년 13%였던 금융 자산 비중은 2021년 21%까지 상승했으며, 고령자 금융 자산 중 88%는 예·적금으로 구성되어 있다. 이는 여전히 안정성과 유동성 중심의 자산 운용이 이루어지고 있음을 보여준다. 하지만 예·적금만으로는 물가 상승과 수명 증가에 대응하기 어려운 것이 현실이다.

연금의 사다리를 더 올릴 수는 없는가?

물론 국민연금의 평균 수령액이 앞으로 점차 증가할 가능성은 존재한다. 현재 수령액에는 연금 가입 기간이 짧았던 기성세대가 포함되어 있기 때문이다. 그러나 20년 이상 가입자라 하더라도 평균 수령액은 약 108만 원에 불과하다. 결국 국민연금만으로는 기본 생활조차 충족하기 어려우며, 퇴직연금을 최대한 보존하고 개인연금을 추가하여 적정 생활비 수준에 이르는 것이 현실적인 대안이다.

더 나아가 여유로운 생활을 추구한다면, 국민연금·퇴직연금·개인연금의 3층 구조를 넘어 배당소득 등 민간 자산을 활용한 4층, 5층 연금 체계를 구축하는 것도 필요하다. 이는 단순히 자산을 보유하는 것을 넘어, 안정적인 현금 흐름을 창출하는 구조로의 전환을 의미한다. 은퇴 이후의 삶을 안정적으로 유지하기 위해서는 무엇보다 '소득 있는 자산'을 확보하는 일이 선행되어야 한다.

배당이 연금보다 좋은
다섯 가지 이유

과거에는 배당으로 노후를 준비한다는 개념 자체가 은퇴자들의 선택지에 없었다. 주식시장이 워낙 불안정해서 언제 손실이 발생할지 예측하기 어려웠고, 배당 역시 1년에 한 번 지급되는 경우가 많아 다음 배당일까지 견디며 기다리는 사이에 겪어야 하는 주가 변동 폭이 너무 컸기 때문이다. 배당을 주는 기업 중에서도 고배당주라 불리는 종목은 언뜻 매력적으로 보였지만, 막상 배당기준일이 지나면 배당금 이상으로 주가가 급격히 떨어지는 경우가 흔했다. 흔히 말하는 배당락으로 인해 배당금을 받아도 오히려 손해를 보는 일이 자주 발생한 것이다. 여기에 배당소득세까지 고려하면, 배당금이 계좌로 들어오기도 전에 실질적으로는 마이너스를 기록하는 상황이 잦았다. 결국 과거의 배당투자는 노후 준비를 위한 든든한 전략이 아니라, 오히려 후회만 남는 선택이 되곤 했다.

외면받던 투자에서 노후 대안으로

최근에는 예전과 달리 국내에서도 배당에 대한 인식이 달라지고 있다. 해외 주식투자가 늘어나면서, 배당 지급이 일상화된 미국 주식을 접할 수 있는 기회가 많아졌다. 미국 S&P500 편입 종목 중 78%가 분기 배당을 시행하고 있으며, 미국 주식 투자자가 증가하면서 한국 기업들도 배당의 중요성을 인식하게 되었다. 이와 함께 배당 정책의 선진화를 통해 배당액을 예측하고 투자할 수 있는 환경이 조성되고 있다.

게다가 분기 배당이 확산되면서 배당락의 영향력도 감소하고 있다. 이전까지 배당에 소극적이었던 기업들도 정부의 기업 가치 제고 정책(밸류업 정책)에 호응하면서 배당 확대 및 자사주 소각 등 주주 환원 규모를 점차 늘리고 있다.

국내 주식에 한정하지 않더라도 해외 주식투자 환경이 보편화되면서 투자자는 보다 다양한 배당주를 선택할 수 있게 되었다. 미국 주식의 경우, 분기 배당이라고 하더라도 3, 6, 9, 12월이 아년 1, 4, 7, 10월이나 2, 5, 8, 11월에 배당하는 기업이 다수 존재한다. 이들을 조합하면 매월 배당을 수령할 수 있는 포트폴리오 구성도 가능하다.

지금까지 은퇴자들이 월급처럼 현금 흐름을 기대할 수 있는 수단은 국민연금, 공무원연금 등의 특수 직역 연금, 퇴직연금 정도에 불과했으나 이제는 여기에 배당이라는 선택지가 더 생긴 것이다. 특히 배당투자에 구조적 변화를 가져온 핵심 금융 상품은 상장지수펀드ETF이다. ETF는 주식, 채권 등 다양한 자산을 담은 펀드를 거래소에 상장해 자유롭게 사고팔 수 있게 만든 상품이다. 펀드이면서도 주식의 성격을 동시에 지니고 있어 분산 투자와 유동성을 모두 확보할 수 있으며, 시장 규모는 200조 원에 이른다. 미국 주식을 편입한 ETF의 경우에는 환전 없이 한국 증시 개장 시간에 매매가 가능해 접근성 또한 높다.

월 배당 ETF는 매달 일정 시점에 분배금을 지급하는 상품으로, 분배금 또한 일정하게 유지되기 때문에 안정적인 현금 흐름을 기대할 수 있다. 2022년 6월 국내에 처음 도입된 월 배당 ETF는 3년이 채 되지 않아 순자산이 8조 원에 육박할 정도로 성장하였다.

왜 예비 은퇴자들이 배당을 주목해야 하는가?

가외 수입이었던 배당은 이제 은퇴 후 주된 현금 파이프라인이 될 정도로 안정성을 갖추게 되었다. 이외에도 배당이 연금보다 우월한 점은 다음과 같다.

첫째, 배당은 젊은 나이에도 수령이 가능하다. 국민연금은 만 65세부터 수령이 가능하고, 퇴직연금과 개인연금, 주택연금은 대부분 만 55세 이후에 수령할 수 있다. 반면 배당은 투자한 다음 날에도 배당금이 지급될 수 있다. 물론 너무 이른 시기에 배당을 수령하게 되면 복리 효과가 사라진다는 점에서 단점이 될 수도 있다. 연금의 본질은 장기적인 시간의 힘을 활용한 복리에 있는데, 배당을 수령하자마자 소비하게 되면 이 효과가 희석된다. 따라서 현금 흐름이 절실한 은퇴 시기를 제외하고는 배당금은 가급적 재투자하는 것이 바람직하다.

둘째, 배당은 월 2회 수령도 가능하다. 국민연금은 매달 25일에만 지급되지만, 배당은 격주로 현금 흐름을 만들 수 있는 구조도 가능하다. 최근에는 월 중순(15일)에 분배금 지급 기준일을 설정한 월 배당 ETF들도 약 10종 가까이 출시되었다. 예를 들어 'TIGER 미국테크 TOP10 타겟커버드콜', 'KODEX 미국배당다우존스 ETF', 'ACE 미국배당다우존스' 등은 중순에 매수하면 분배금을 받을 수 있는 ETF이다. 이처럼 동일한 자산을 담고 있더라도 분배금 지급 기준일이 다른 상품을 활용하면 격주 수령이 가능하다.

셋째, 배당은 절세의 여지가 있다. 국민연금과 퇴직연금은 연금소득세가 부과되며, 국민연금은 건강보험료 산정 시 소득으로 반영되기 때문에 수령액이 많아지면 피부양자 자격을 상실하고 지역가입자로 전환될 수 있다. 반면, 배당소득에는 15.4%(지방소득세 포함)의 세율이 적용되며, 2,000만 원을 초과하면 금융 종합과세 대상이 되긴 하지만 ISA 계좌 등을 활용하면 일정 수준까지는 비과세 혜택을 받을 수 있다.

넷째, 배당은 소유자를 분산시킬 수 있다. 국민연금은 본인이

연금과 배당투자 비교표

항목	연금(국민연금, 퇴직연금 등)	배당투자
지급 시기	65세 이상	언제나 가능
지급 횟수	한 달에 한 번	한 달에 두 번 가능
과세	국민연금 외 다른 소득이 있으면 종합소득세(누진세율), 퇴직연금은 퇴직소득세	절세 계좌로 비과세로 운용하다가 연금소득세(3.3-5.5%로 인출가능)
건강보험료	국민연금은 건강보험료 부과 대상	절세 계좌를 통해 피부양자 자격 유지 가능 개인연금은 건강보험료 부과 대상 아님
수령인 분산	불가	가능
상속	국민연금은 유족연금으로 전환 퇴직연금은 상속 가능	가능 (2,000만 원 공제)

납입한 만큼만 수령할 수 있는 구조이지만, 금융 자산에서 발생하는 배당은 부부 간 증여가 가능하다. 이를 통해 소득과 세금을 분산할 수 있다. 예를 들어 국민연금을 월 167만 원 수령하면 피부양자 자격을 잃고 지역가입자가 되는데, 배당소득은 부부에게 83만 원씩 분산하면 소득 요건을 충족해 피부양자 자격을 유지할 수 있다. 이로 인해 건강보험료 부담이 줄어들 수 있다.

다섯째, 배당은 상속도 가능하다. 국민연금도 유족연금이 있기는 하지만 조건이 엄격한 편이다. 배우자의 경우는 사실혼 배우자까지 가능하나, 자녀는 25세 미만의 경우에만 해당된다. 전액이 지급되는 것은 아니며, 가입 기간에 따라 지급률이 달라진다. 10년 미만은 기본 연금액의 40%, 10년 이상 20년 미만은 50%, 20년 이상은 60%가 지급된다. 만약 배우자가 국민연금 가입자인 경우, 유족연금만 받거나 본인의 국민연금과 유족연금의 30%를 받을 수 있다.

이에 비해 배당의 기반이 되는 금융 재산은 그대로 상속할 수 있다. 순금융재산이 1억 원 이하인 경우에는 2,000만 원의 공제가 가능하고, 1억 원을 초과할 경우에는 순금융재산가액의 20%나 2억 원 중 작은 금액에 대해 공제가 가능하다. 최대 2억 원까지 공제가 가능한 셈이다. 부동산 자산이 아주 많은 경우를 제외하면, 배우자와 자녀가 있는 경우 10~35억 원의 공제금액이 적용되므로 금융 자산에 대해서는 상속세 없이 상속할 수도 있다.

은퇴 이후에 현금 흐름을 책임지는 배당투자

주식투자를 하는 사람은 많다. 하지만 그중에서도 왜 굳이 배당투자를 해야 할까? 사실 은퇴가 많이 남아 있다면 굳이 배당에 집중하지 않아도 된다. 손실을 회복할 시간도 충분하고, 오히려 성장 가능성이 큰 주식에 투자하는 게 더 나을 수도 있다. 주식 가격이 일시적으로 떨어지더라도 매달 들어오는 월급으로 물타기를 할 수 있는 여유가 있기 때문이다.

그런데 은퇴가 가까워질수록 상황은 달라진다. 이 시기에는 무엇보다도 '원금을 지키는 투자'가 중요해진다. 물론 공격적인 투자가 높은 수익을 줄 수도 있다. 하지만 주식이라는 건 언제나 원금 손실의 가능성을 안고 있는 투자다. 그래서 은퇴를 앞두고는 배당주나 채권처럼 비교적 변동성이 적은 자산에 관심을 가질 필요가 있다. 이런 자산들이야말로 안정적인 노후 생활을 위한 든든한 기반이 될 수 있다.

은퇴가 가까워질수록 조급한 마음으로 단기간에 크게 벌 수 있다는 말에 흔들리기 쉽다. 하지만 그럴수록 더욱 냉정하게 리스크를 따져야 한다. 안정적인 현금 흐름이 주는 힘은 생각보다 크고, 그 힘이야말로 은퇴 이후의 삶을 지탱해 주는 가장 현실적인 무기가 될 수 있다.

하락장 속에서 빛나는 배당주의 힘

배당주라고 해서 주가가 절대 하락하지 않는 건 아니다. 다만, 일반적인 주식에 비해 주가 하락 폭이 상대적으로 덜한 경우가 많다. 국내 대형 배당주들을 보면 기관이나 외국인 투자자의 비중이 높은 편인데, 이들은 개인 투자자에 비해 장기 보유 성향이 강하다 보니 자연스럽게 주가의 변동성이 줄어드는 경향이 있다.

최근에는 '주주 환원'을 강화하려는 흐름도 뚜렷하다. 단순히 배당을 많이 주는 데 그치지 않고, 자사주 매입이나 소각 같은 추가적인 조치를 병행하는 기업들도 많아졌다. 예를 들어, 자사주 매입은 기업이 직접 시장에서 자기 주식을 사들이는 것이고, 이

과정에서 수요가 늘어나니 주가를 끌어올릴 수 있다. 여기에 더해 자사주를 소각하게 되면 시장에 풀린 주식 수 자체가 줄어든다. 간단히 말해, 회사의 이익이 일정할 때 주식 수가 줄어들면 한 주당 돌아가는 이익은 커지게 된다. 그리고 주가는 결국 이익에 비례한다는 점에서 자사주 매입과 소각까지 병행하는 배당주는 주가 상승 여력까지 기대해 볼 수 있다는 얘기다.

이런 이유로 배당주는 하락장에서도 비교적 선방하는 편이다. 실제로 2024년 한 해 동안 코스피는 9.6% 하락했지만, 고배당 종목만을 모은 '코스피 고배당 50지수'는 오히려 6.76% 상승했고, 배당이 꾸준히 늘어나는 종목들로 구성된 '코스피 배당성장 50지수' 역시 6.54%나 올랐다.

배당주가 만능은 아니다

물론 배당주가 만능은 아니다. 아무리 잘 골랐다고 해도 주가가 생각만큼 오르지 않을 수도 있고, 투자 타이밍이 안 맞으면 고점에 물릴 수도 있다. 특히 배당수익률이 높다고 무조건 좋은 건 아니다. 종종 배당을 많이 줘서가 아니라 주가가 너무 낮아서 배당 수익률이 높아 보이는 경우도 있기 때문이다.

2024년 초, 밸류업 프로그램 기대감에 힘입어 현대차와 기아의 주가는 크게 올랐다. 하지만 하반기로 접어들며 트럼프의 관세 이슈와 자동차 업황에 대한 우려가 커지자, 주가가 다시 꺾이기 시작했다. 이런 사례처럼 배당주도 결국 업종 전반의 분위기를 많이 탄다. 그래서 배당주 투자라고 해도 '분산'이 중요하다.

배당주 투자에서 중요한 건 배당 그 자체만이 아니다. 배당을 꾸준히 받는 것도 좋지만 주가 상승까지 이뤄진다면 수익률은 훨씬 커진다. 사실 연 5~6%대 수익률만 따지면 신용등급이 낮은 기업이 발행한 하이일드 채권 같은 상품도 있다. 이자 수익은 제법 되지만 자산 가치가 오를 가능성은 거의 없다. 금리가 떨어지지 않는 이상 채권 가격이 오르기란 쉽지 않기 때문이다.

그에 비해 배당주는 다르다. 배당금이 앞으로 더 늘어날 수도 있고, 주가 자체가 올라갈 가능성도 있다. 물론 배당이 줄어들 수도 있고, 주가가 빠질 위험도 있다. 하지만 종목을 잘 고르고 일시적인 주가 하락을 '저가 매수'의 기회로 삼는다면? 배당을 재투자하면서 다시 수익을 키워 나갈 수 있다.

배당투자,
실천을 위한 첫 단계

은퇴를 앞두고 은퇴 자금을 마련하고, 은퇴 후 배당금을 받으며 살기 위해서는 일단 증권사 계좌부터 만들어야 한다. 평생 주식투자를 해 본 적이 없는 사람이 국민의 절반 이상이기 때문에, 증권사 계좌를 만드는 일은 막막하고 번거롭게 느껴질 수 있다. 특히 증권사 지점이 가까운 거리에 없다면 더욱 그렇다. 하지만 증권사 계좌는 지점을 방문하지 않고도 비대면으로 개설할 수 있다. 비대면 계좌를 개설해야 거래 수수료도 더 저렴하다.

증권사 계좌는 반드시 특정 증권사를 선택해 만들어야 하는 것은 아니다. 대부분의 증권사가 유사한 플랫폼을 제공하고 있기 때문이다. 수수료 혜택이나 연금 상품 검색의 편리성 등을 비교한 뒤 계좌를 개설하면 된다. 공모주 청약까지 고려한다면, 공모주 주관사 역할을 자주 맡는 대형 증권사의 계좌를 여러 개 개설하는 것도 괜찮은 방법이다. 스마트폰 사용이 익숙하지 않고 수시로 문의할 사람이 필요하다면 자택에서 가장 가까운 증권사를 선택하는 것이 좋다.

또한, 증권사 계좌는 최소 2개 이상 개설하는 것이 바람직하다. 뒤에서 설명하겠지만 개인연금의 경우 연말정산 세액공제를 받은 납입액과 받지 않은 납입액은 연금 수령 시기나 세금에서 차이가 발생한다. 이러한 성격이 다른 두 납입액은 계좌를 나누어 관리해야 혼란을 줄일 수 있다.

다양한 투자 상품의 세계로, 증권사 계좌 활용법

은행 계좌에 비해 증권사 계좌는 투자할 수 있는 자산이 훨씬 다양하다. 은행 계좌가 예·적금과 펀드가 주된 상품이라면, 증권사 계좌는 주식과 ETF, ELS 등 다양한 상품을 포함한다. 심지어 원금 보장 수준의 예·적금과 비슷한 안정성을 갖추면서도 파킹 통장보다 더 높은 이자율을 제공하는 상품도 있다.

가령, 원하는 시점에 언제든 돈을 인출할 수 있는 CMA 중 하나인 MMW형은 한국증권금융(신용등급 AAA)의 예금으로 주로 운용되기 때문에, 최대한 안정적으로 자금을 운용하면서도 자유롭게 인출하고 싶은 사람에게 적합한 선택이다. MMW형 CMA는 유사 시 증권금융에서 지급을 할 수 있도록 약정되어 있어, 판매 증권 사의 개별 신용 위험과는 무관하다.

2013년 동양증권 사태 당시 대규모 자금 인출로 손실을 볼 수 도 있었지만, MMW형 CMA는 증권사 유동성과 관계없이 증권금 융 예금에서 회수해 인출이 가능했다. 제2금융권인 저축은행에서 도 고금리를 내세우지만, 여러 조건이 붙는다. 반면, MMW는 금 액이나 가입 조건과 관계없이 입금한 전액에 대해 연 2% 중반대 의 이자를 기대할 수 있다.

은행 예·적금 수준의 안정적인 MMW부터 개별 주식과 같은 고위험 상품까지, 본인의 성향에 따라 선택할 수 있는 투자 상품 이 다양하기에 증권사 계좌를 개설하면 투자의 새로운 세계가 열 리게 된다. 일반 계좌 개설은 신분증만 있으면 가능하지만, IRP와 같은 연금 계좌는 재직증명서가 필요하다.

배당을 받으려면 꼭 알아야 할 것들

증권사 계좌를 개설한 이후에는 주식, ETF, 펀드 중에서 선택 해 투자를 하면 된다. 은퇴 전 자금을 키우는 시기에는 분산 투자를 통해 안정적으로 자산을 늘릴 수 있도록 ETF나 펀드 투자를 권한다. 펀드는 여러 종목의 주식을 모아 운용하는 것을 말하고, ETF는 이러한 펀드를 주식시장에 상장시켜 실시간으로 거래할 수 있도록 만든 상품이라고 보면 된다. 특히 증권사 계좌를 처음 만든 사람에게는 리스크가 큰 개별 주식보다는 분산 효과가 있는 ETF나 펀드가 더 적합하다.

특히 ETF는 선택지가 매우 다양해 증권사 계좌를 처음 만든 사람도 종목을 깊이 탐색하지 않고 비교적 손쉽게 투자할 수 있다. 주식투자가 처음인 사람에게는 ETF가 다소 생소할 수 있지만, 대부분 ETF 이름만 봐도 어떤 자산에 투자하고 어떤 전략으로 운용되는지 바로 알 수 있다.

ETF 이름은 보통 'ETF 브랜드명 + 투자 대상 + 운용 전략 및 환헤지·합성 여부' 순으로 구성된다. 예를 들어 'TIGER 미국나스닥100'이라면, TIGER는 미래에셋자산운용의 브랜드이고, '미국나스닥100'은 미국 나스닥100지수에 투자한다는 뜻이다. 현재 미국나스닥100 ETF는 총 5개가 상장되어 있으며, 수수료에는 차이가 있지만 수익률은 거의 비슷하다. 투자 대상이 같기 때문이다.

ETF 이름 끝에 '(H)'가 붙은 'TIGER 미국나스닥100(H)'처럼 표기된 상품은 환헤지를 적용한 것으로, 환율 변동이 ETF 가격에 영향을 주지 않도록 설계되어 있다. 환율이 하락할 것으로 예상된다면 환헤지형을 선택할 수 있지만, 헤지에는 비용이 발생할 수 있어 장기적으로는 수익률이 낮아질 수 있다.

또한, 'TIGER 미국나스닥레버리지(합성)'처럼 표시된 경우에는 나스닥100지수의 두 배만큼 가격이 움직이는 레버리지 전략을 쓰는 상품으로, 파생상품을 활용한 합성 방식으로 운용된다는 의미다.

은퇴 시점이 가까워져 배당주 위주의 포트폴리오로 전환할 때는 배당주를 직접 매수하는 것도 괜찮은 선택이다. 배당을 받기 위해서는 배당 기준일보다 2영업일 전에 주식을 매수해야 한다. 예를 들어, 3월 31일 수요일이 배당 기준일이라면 3월 29일 월요일까지는 주식을 사야 배당을 받을 수 있다. 이는 주식 매매 후 실제 거래가 체결되는 데 2영업일이 걸리기 때문이다. 배당 기준일에 주주로 등록되어 있어야 배당을 받을 수 있는 권리가 생긴다.

배당 기준일 하루 전을 '배당락일'이라고 부르며, 이때 주가는 하락하는 경우가 많다. 배당받을 권리를 확보한 투자자들이 주식을 매도해 차익 실현을 하기 때문이다. 다만 주식의 펀더멘털이 탄탄하고 향후 이익 전망이 밝은 기업의 경우에는 배당락의 폭이 좁거나 빠르게 회복되는 경우도 많다.

실제 배당금이 지급되는 시점은 배당 기준일로부터 짧게는 2주, 길게는 두 달 정도 이후가 된다. 예를 들어, 현대차는 2024년 배당 기준일이 2월 28일이었고, 배당 지급일은 4월 19일이었다. 하나투어의 경우는 배당 기준일이 4월 1일, 지급일이 4월 18일로 비교적 짧은 간격을 보였다. 이처럼 배당 기준일과 실제 배당 지급일 사이에는 시차가 있기 때문에, 배당금을 당장 사용할 계획이 있는 경우라면 지급일을 반드시 확인해야 한다.

ETF 역시 월 단위, 분기 단위, 연 단위로 분배금이 나온다. ETF의 배당은 '분배금'이라고 부르며, 월 배당일 경우에는 월말, 연 배당일 경우에는 연말이 기준일이 된다. ETF는 배당락일 이후 보통 2~3영업일 내에 분배금이 지급되는 것이 일반적이다.

은퇴 재테크 전에 꼭 점검해야 할 네 가지

은퇴 전과 후는 삶의 방식뿐만 아니라 재테크 전략도 완전히 달라진다. 은퇴 전에는 월급이라는 현금 흐름을 기반으로 자산을 불리는 데 집중했다면, 은퇴 후에는 자산을 지키면서 그 자산에서 현금 흐름을 만들어야 한다. 이때 몇 가지 반드시 유의해야 할 점이 있다.

❶ 몰빵 투자는 피하자

한두 개 자산이나 특정 주식 종목에 집중 투자는 위험하다. 은퇴 후에는 월급처럼 정기적으로 들어오는 소득이 없기에 물타기도 어렵고, 투자 실패에 따른 심리적 충격도 크다. 실제로 몰빵 투자자는 여전히 많다. 예탁결제원 자료에 따르면 2023년 12월 기준으로 1,400만 명 주식 투자자 중 429만 명(30.3%)이 단 한 종목에만 투자하고 있었다. 2종목(16.7%), 3종목(10.9%)까지 합치면 전체의 절반 이상이 3종목 이하만 보유한 셈이다. 이런 상태에선 시장 변동에 쉽게 휘둘리고, 손실이 나면 투자를 포기하기도 한다. 다양한 종목에 분산 투자하거나 펀드·ETF 등을 통해 리스크를 줄이는 전략이 필요하다.

❷ 돈이 묶이는 투자는 피하자

예금처럼 만기나 인출 시점이 확정된 상품은 괜찮다. 문제는 언제 돈을 찾을 수 있을지 알 수 없는 투자다. 이런 상품은 노후 자금 운용에서 큰 리스크가 된다. 대표적인 예가 부동산 펀드와 ELS다.

2019년, 해외 오피스에 투자한 부동산 펀드가 인기를 끌었지만, 코로나19 이후 재택근무 확산으로 입주율이 급감했고, 건물 가치가 하락하면서 펀드 환매가 지연되는 사례가 속출했다. ELS 역시 주가가 일정 범위 안에 있으면 조기 상환되지만, 기준선 아래로 떨어지면 회복될 때까지 기다릴 수밖에 없다.

최근 유행하는 태양광 투자도 수익률이 높다고 알려져 있지만, 자금이 장기간 묶이는 구조다. 이런 상품들은 '기다리면 고수익'을 내세우지만, 막상 시장 상황이 나빠지면 돈을 찾고 싶어도 방법이 없다. 노후에 갑작스럽게 자금이 필요할 때 아무것도 할 수 없는 것이다.

창업도 마찬가지다. 초기에 들어가는 인테리어비나 임대 계약금은 매몰 비용이 되기 쉬워, 사업을 접어도 회수가 어렵다. 노후 재테크에서는 '환금성'이 생각보다 훨씬 중요하다. 한 번 넣으면 다시 꺼내기 어려운 돈이라면 애초에 피하는 것이 좋다.

③ 세금과 건보료, 늘 염두에 둬야 한다

현직에 있을 때에는 '유리 지갑'이 억울하게 느껴지지만, 막상 은퇴하고 나면 그 유리 지갑이 얼마나 잘 보호받았는지 실감하게 된다. 소득이 높으면 근로소득세율도 올라가지만, 연말정산을 통해 부양가족, 카드 사용액, 연금 납입, 기부금 등으로 세금을 일부 돌려받을 수 있다. 실제로 근로소득자 2,054만 명 중 34%는 공제 덕분에 근로소득세를 내지 않는다.

하지만 은퇴 후에는 이야기가 달라진다. 많지 않은 연금에도 소득세가 최소 3.3%나 붙고, 이자나 배당소득에는 기본세율 15.4%가 적용된다.

연간 금융소득이 2,000만 원을 넘으면 금융소득 종합과세 대상이 되어 더 높은 세율을 감당해야 한다.

더 큰 부담은 건강보험료다. 직장가입자에서 지역가입자로 전환되면 세 가지 측면에서 불리해진다. 첫째, 직장 다닐 땐 보험료의 절반을 회사가 내줬지만, 은퇴 후에는 전액 본인 부담이다. 둘째, 직장가입자는 근로 외 소득이 연 2,000만 원을 넘을 때 초과분에만 보험료가 붙지만, 지역가입자는 이자, 배당, 연금, 사업소득 등 모든 소득이 1원부터 반영된다. 셋째, 지역가입자는 소득뿐만 아니라 재산에도 보험료가 부과된다. 은퇴자는 소득은 줄어도 자산이 꽤 있는 경우가 많고, 특히 수도권처럼 집값이 오른 지역은 보험료 부담이 커질 수밖에 없다.

④ 집은 짐이 될 수 있다

한국에서 노후 대비가 부족한 가장 큰 이유 중 하나는 '부동산은 무조건 오른다'는 믿음 때문이다. 시세 차익을 노린 부동산 투자에 집중한 결과, 은퇴 시점에 번듯한 집은 있어도 정작 연금이나 유동 자산은 부족한 경우가 많다. 퇴직금도 마찬가지다. 무주택 상태에서 집을 살 때 퇴직금을 중간 정산해 쓰는 일이 많고, 실제 통계청 '2023년 퇴직연금 통계'에 따르면 퇴직금 중도 인출 사유 1위가 주택 구입(52.7%)이었다.

문제는 그 이후다. 몇 차례 갈아타기를 거치며 대출만 남고, 은퇴 후 받는 퇴직금은 대출 상환에 쓰이기 일쑤다. 물론 집은 안정된 삶의 기반이자 자산 증식 수단이 될 수 있다. 하지만 은퇴가 가까워졌다면 무리한 집 구매는 다시 생각할 필요가 있다. 실거주 주택은 현금 흐름을 만들지 못하며, 오히려 유지비가 들어간다.

집이 있다는 이유만으로 재산세가 부과되고, 지역가입자로 전환되면 건강보험료도 추가된다. 예를 들어 시가 10억 원짜리 주택을 보유하면 재산세만 연간 약 300만 원, 과세표준이 6억 원일 경우 한 달 보험료로 약 21만 원이 더 나간다. 단순 계산으로도 매달 약 46만 원이 주택 보유 비용으로 빠져나가는 셈이다.

오랫동안 살아온 집을 꼭 떠날 필요는 없지만, 은퇴를 앞두고 있다면 면적이나 입지에서 조금 양보하는 다운사이징도 고려할 만하다. 자산이 아니라 현금 흐름을 남기는 선택이 은퇴 이후 삶을 더 편하게 만든다.

2장

세대별 맞춤 배당투자 전략

은퇴 준비의 골든타임, 5년 투자 설계

5년 후의 은퇴를 생각하면 마음이 조급해진다. 지금까지 모아 둔 돈이 많지 않은 상황이라면, 과연 은퇴 시점까지 노후 자금을 마련할 수 있을지 걱정이 앞선다. 특히 60대가 아니라 40대나 50대부터 은퇴를 준비하는 경우에는 은퇴 이후의 시간이 너무 길게 느껴져 불안감이 커질 수 있다.

하지만 아직 늦지 않았다. 5년이라는 시간이면 은퇴 준비를 충분히 시작할 수 있다. 연금 계좌에 돈이 하나도 모여 있지 않더라도 지금부터 5년간 꾸준히 모아 간다면 55세부터 개인연금을 수령할 수 있다. 결국 중요한 건 지금부터의 실행이다.

어차피 주택 마련과 생활비 부담으로 인해 젊을 때부터 은퇴나 연금 준비를 꾸준히 한 사람은 많지 않다. 지금까지 아무런 준비를 하지 못했다고 자책하기보다는 하루라도 빨리 연금 계좌에 돈을 넣고 절세 혜택을 누리는 것이 훨씬 낫다.

5년 후 은퇴를 앞두고 있다면 가장 먼저 타임라인을 만들어야 한다. 퇴직금은 은퇴와 동시에 사용할 수 있고, 퇴직연금과 개인연금은 55세부터 인출할 수 있다. 국민연금은 기본적으로 65세부터 수령할 수 있지만, 1965년생부터 1968년생까지는 64세부터 받을 수 있다. 이 타임라인을 바탕으로 각 연금이 지급되기 전까지의 '소득 공백'을 어떻게 메울지를 계획하는 것이 핵심이다.

국민연금부터 계산하라: 노후 설계의 출발점

우선 65세부터 내가 받을 수 있는 국민연금의 규모를 정확히 파악하는 것이 중요하다. 흔히 '용돈 연금'이라 불리지만, 국민연금은 생각보다 든든한 노후의 바탕이 된다. 개인연금이나 퇴직연금은 내가 적립한 돈을 꺼내 쓰는 방식이라 오래 살면 자금이 바닥날지 걱정해야 한다. 하지만 국민연금은 평생 지급되기 때문에 65세 이후의 생활을 비교적 안정적으로 유지할 수 있다.

따라서 국민연금 예상 금액을 미리 계산해 보고, 65세 이후의 생활에 여유가 있다고 판단되면 퇴직연금과 개인연금을 65세 이

전에 모두 소진해도 괜찮다. 그러나 부족하다고 판단된다면 65세 이후의 생활을 위해 일정 부분을 남겨 두어야 한다.

본인의 국민연금 수령액은 국민연금공단 홈페이지에서 쉽게 계산할 수 있다. 홈페이지의 '국민연금 알아보기 → 예상연금 모의계산' 항목에 들어가 생년월일, 국민연금 최초 가입일, 소득 정보(납입 개월 수, 월 소득)를 입력하면 향후 받게 될 국민연금의 현재 가치와 미래 가치를 확인할 수 있다.

간혹 50~60대 중에는 은퇴 후 본인의 소득과 재산이 하위 70%에 해당하면 기초연금을 받을 수 있을 거라 기대하는 분들이 있다. 부부 합산으로 한 달에 54만 원을 받는다니, 노후 준비가 조금 부족해도 괜찮지 않겠냐는 생각이 들 수 있다.

하지만 기초연금은 '받을 수 있다'라는 전제를 두고 설계하기에는 불확실한 제도다. 단순히 65세가 되었고, 소득과 재산이 하위 70%에 속한다고 해서 곧바로 수급 대상이 되는 건 아니다. 기초연금은 '65세 이상 전체 노인' 중 하위 70%에 들어야 받을 수 있기 때문이다.

지금은 국민연금을 거의 납부하지 못했거나 노후 준비가 부족한 70대, 80대, 90대가 많아 기초연금 수급자는 주로 이 연령대가 차지하고 있다. 반면 퇴직금을 꾸준히 쌓고 국민연금을 성실히 납입한 50~60대는 상대적으로 노후 준비가 잘되어 있는 편이라 앞으로 기초연금을 받을 가능성은 낮다.

더불어 초고령 사회가 본격화되면서 기초연금 제도의 개편 논의도 계속 거세지고 있다. 결국 기초연금에 대한 기대는 내려놓고, 국민연금·퇴직연금·개인연금 등을 중심으로 스스로 노후를 준비하는 것이 현명한 선택이다.

절세 계좌를 활용한 5년 투자 전략

5년이라는 짧은 기간 안에 최대한 수익률을 높이려면 복리 효과를 누릴 수 있는 절세 계좌를 적극적으로 활용해야 한다. 물론 5년은 복리의 효과를 체감하기에 다소 짧은 기간이지만, 연금 계좌나 ISA 같은 절세 계좌는 연간 납입 한도가 정해져 있기 때문에 가능한 한 매년 한도까지 채우는 것이 중요하다.

연금저축과 IRP를 합친 연금 계좌는 연간 900만 원까지 세액공제를 받을 수 있고, 최대 1,800만 원까지 납입이 가능하다. 특히 연금 계좌의 가장 큰 장점 중 하나는 배당소득세가 면제된다는 점이다. 예를 들어 S&P500이나 나스닥 등 해외 지수에 투자하는 펀드나 ETF는 매매 차익도 배당소득으로 간주되어 15.4%의 세금이 부과되지만, 연금 계좌 안에서는 이 세금을 내지 않아도 된다.

즉, 펀드에 1,000만 원을 투자해 2,000만 원이 되었을 경우 일반 계좌에서는 1,000만 원의 수익에 대해 세금을 내야 하지만, 연

연금저축과 ISA 비교

항목	ISA 계좌	연금 계좌	
		연금저축	개인형 IRP
의무 가입 기간	3년	5년 이상 (10년 지나야 연금 수령 가능)	
연간 납입 한도	2,000만 원	합산 1,800만 원	
납입 시 세액공제 한도	없음	600만 원 까지 (IRP까지 포함해 900만 원까지)	
운용 수익 과세	200만 원까지 비과세, 이후 9.9% 분리과세	전액 비과세 (배당·펀드 매매차익 등 포함)	
인출 시 세금	없음	연 1,500만 원 한도 내 연금소득세(3.3~5.5%)	연금소득세(3.3~5.5%)
중도 인출	자유롭게 인출 가능	세액공제 안 받은 금액은 자유 인출 세액공제 받은 금액은 기타소득세 납부	불가
개별 주식 투자	국내 주식 가능	불가	
투자 불가 ETF	해외 상장 ETF	해외 상장, 레버리지, 인버스 ETF	해외 상장, 레버리지, 인버스, 파생 ETF

금 계좌에서는 전액 비과세가 된다.

이처럼 절세 계좌를 제대로 활용하면 세금을 줄이는 것만으로도 실질적인 투자 수익을 크게 높일 수 있다. 세금을 내지 않고 재투자하는 것과 같은 효과를 얻을 수 있기 때문에, 연금 계좌에 5년간 꾸준히 자금을 넣어 비과세 자산을 확보하는 전략이 중요하다.

은퇴 전후, 자산 배분 전략은 다르게

은퇴 이후에는 안정적인 현금 흐름을 위해 배당투자를 활용하되, 은퇴 전에는 다소 공격적인 투자를 해도 된다. 월급이 꾸준히 들어오는 시기에는 굳이 금융 자산에서 배당을 꺼내 써 가며 투자 규모를 줄일 필요가 없다. 오히려 정기적인 배당 수익보다는 소득의 일정 부분을 할애해 다소 위험을 감수하더라도 매매 차익을 노리는 적극적인 투자가 유리하다.

공격적인 투자라고 해서 급등주를 쫓거나 하는 무리한 투자를 의미하는 건 아니다. 시장 평균을 따라가는 주식투자만으로도 배당수익률보다는 높은 성과를 낼 수 있다. S&P500지수의 최근 5년간 상승률을 보면 연간 13%다. 시장이 흔들릴 때마다 하락장이 시작된 것이 아니냐는 불안감을 가질 수는 있겠지만, 꾸준히 적립식으로 모아 간다면 배당투자보다는 훨씬 높은 수익률을 기대할 수 있다. 그러다 은퇴 시기가 다가올수록 안정적인 배당투자 비중을 늘리면 된다.

특히 배당은 매달 일정하게 들어오면 재투자보다는 소비로 이어질 가능성이 높다. 그보다는 약간의 인내심을 가지고 저가 매수의 기회를 살피면서 리스크가 있는 자산에 투자해 업사이드를 노리는 전략이 현실적이다.

물론 은퇴가 가까워졌는데 고위험 자산에서 손실이 발생하면

안 되므로, 반드시 자산 배분을 통해 리스크를 관리해야 한다. 자산 배분은 스스로 직접 해도 되고, 전문가가 운용하는 펀드를 활용해도 된다.

ETF로 글로벌 분산 투자하는 법

직접 자산 배분을 할 경우에는 ETF를 활용하는 것이 효과적이다. 주식과 채권, 국내와 해외를 나눠 균형 있게 구성하는 것이 바람직하다. 참고할 만한 예시로는 국민연금의 자산 배분 방식이 있다. 국민연금은 해외 주식 30%, 국내 주식 15%, 국내 채권 30%, 해외 채권 10%, 대체투자 15%의 비율로 자산을 운용하고 있다.

최대 이익보다 절세 배당

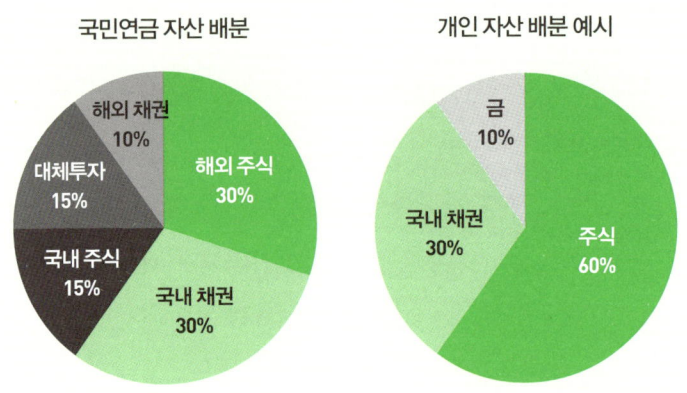

개인의 경우 대체투자에 직접 접근하기 어렵기 때문에, 주식과 채권 중심으로 포트폴리오를 구성하면 된다. 손실을 어느 정도 감수할 수 있다는 전제하에 주식과 채권을 70:30 비율로 구성하는 것도 하나의 방법이다. 또한 금 투자를 대체 자산으로 보고, 전체 자산의 5~10% 수준으로 가져가는 전략도 고려해볼 만하다.

리스크를 분산하려면 특정 국가의 지수에 집중하기보다는 전 세계 주식을 고르게 담는 방식이 적절하다. 환헤지 없이 투자하는 '언헤지' 방식의 ETF나 펀드는 국가별 구성도 단순해 선택하기 쉽다. 예를 들어, '미래에셋MSCI AC월드인덱스 펀드'는 전 세계 지수에 분산 투자하며, 국가 비중은 미국 약 65%, 아일랜드 7%, 일본 4% 등으로 구성되어 있다. 이러한 글로벌 분산 포트폴리오를 활용하면 개별 국가의 리스크에도 보다 안정적으로 대응할 수 있다.

ETF는 'KODEX선진국MSCI World'를 활용하면 된다. 이 ETF는 미국 비중이 약 65%, 일본 4%, 유럽 등 기타 국가가 약 25%를 차지하고 있어, 글로벌 분산 투자에 적합하다.

채권에 투자할 때는 몇 가지 유의할 점이 있다. 채권 역시 환율과 만기에 따라 위험한 자산이 될 수 있다는 점이다. 만기가 긴 장기채는 금리가 하락하면 가격이 올라가지만, 반대로 금리가 오르면 가격이 하락한다. 외국 채권의 경우, 해당 국가의 통화 가치가 하락하는 시기라면 손실이 발생할 수도 있다. 안전을 중시한다면 단기채 펀드나 CD금리 기반 ETF를 선택하는 것이 좋다.

초단기 채권이라도 수익률은 연 4% 중반대로, 일반 예·적금 이자보다 높은 편이다. CD금리 기반 ETF의 경우 1년 수익률은 대부분 3.3%대 수준이다.

TDF vs. BF, 어떤 자산 배분 펀드가 나에게 맞을까?

직접 자산 비중을 정하지 않고 자산 배분을 하고 싶다면 펀드를 활용하는 방법이 있다. 대표적으로 TDF~Target Date Fund~와 BF~Balanced Fund~ 펀드가 있다. TDF는 은퇴 시점에 맞춰 자산 비중을 조절하는 방식이다. 예를 들어 2030TDF는 2030년이 가까워질수록 주식 비중을 줄이고 채권이나 현금 같은 안전 자산의 비중을 높인다. 반면, 2060TDF는 아직 은퇴까지 35년 이상 남아 있어 주식 비중이 높은 구조다.

은퇴까지 5년 정도 남았다면 2030TDF를 선택하는 것이 일반적이지만, 본인이 조금 더 리스크를 감수할 수 있다면 2035TDF나 2040TDF를 선택할 수도 있다. 예를 들어, 미래에셋의 ETF로 자산을 배분하는 TDF를 기준으로 보면, 2030유형은 주식 비중이 약 50%다. 한창 S&P500 지수가 한 달 사이 15% 하락했던 3월 14일을 기준으로 수익률을 살펴보면, 2030유형은 6개월 수익률 -0.63%, 1년 수익률 3.89%, 3년 수익률은 5% 수준이다.

반면 2040유형은 주식 비중이 약 74%다. 수익률은 1개월 -5.77%, 6개월 -0.38%, 1년 3.96%, 3년 14.71%로 나타난다. 이처럼 주식 비중이 높은 TDF일수록 단기적으로는 하락장에서 손실을 입을 수 있지만, 장기적으로 보면 더 높은 수익률을 기대할 수 있다.

또 다른 자산 배분 펀드는 BF인 디딤펀드가 있다. 이 펀드는 위험자산 비중을 일정 범위 내에서 유지하면서도, 시장 상황과 자산 가치의 변동에 따라 자산 비중을 유연하게 조정한다.

TDF가 은퇴 시점에 맞춰 글라이드패스glide path에 따라 자산 비중을 자동으로 조절하는 방식이라면, 은퇴를 불과 5년 앞둔 시점에서는 굳이 시점 기반의 자산 조절보다는 시장 흐름에 능동적으로 대응하는 방식이 더 유리할 수 있다. 이런 측면에서 디딤펀드가 대안이 될 수 있다. 이런 구조 덕분에 은퇴 시점의 성과 측면에서는 TDF보다 더 나은 결과를 내는 경우도 있다.

목표 수익률을 연 6% 정도로 설정하면 현실적이다. 주식과 채권을 7:3 비율로 배분한 포트폴리오만으로도 지난 3년간 연평균 7~8%대의 수익률을 기록할 수 있었다. 실제로 2021년부터 2024년까지 미국 주식은 연평균 8.5%(달러 가치 상승분 제외)의 수익률을, 단기채는 연 4% 내외의 수익률을 나타냈다.

시장에 기복이 있더라도 긴 호흡으로 보면 자산의 절반 이상을 주식에 배분했을 때 연 6% 이상의 수익을 기대할 수 있다. 심지어 국내 채권형 펀드인 '한국투자크레딧포커스ESG펀드'만 해도 연 6%의 수익률을 기록 중이다. 우량 회사채 중심의 포트폴리오에 만기도 중단기여서 원금 손실 가능성은 낮지만, 안정적인 수익을 제공하고 있다.

그렇다고 해서 안정성만 보고 하나의 상품에 모든 자금을 몰아넣는 건 바람직하지 않다. 배당주, 성장주 등 다양한 자산에 분산투자해야 한다. 이처럼 5년간 자산을 적극적으로 불린 뒤, 은퇴 이후에는 배당과 인컴 중심의 투자로 안정적인 현금 흐름을 만들어가면 된다.

국내외 고배당 ETF의 최근 1년 배당수익률은 약 5% 수준이다. 여기에 연간 배당률이 15%에 이르는 커버드콜 ETF를 전체 자산의 10% 정도만 편입해도 연 6% 수준의 현금 흐름을 기대할 수 있다. 다만 커버드콜 ETF는 배당률은 높지만 주가 상승 여력은 제한적이기 때문에, 보다 성장성을 중시한다면 이 상품 대신 고배당 ETF나 고배당주 비중을 높이는 것이 더 적절할 수 있다.

40대 - 절세와 절약으로 복리를 쌓는 시간

온라인에서는 억대 연봉이 흔하지만, 통계청 자료에 따르면 실제 임금 근로자의 평균 소득은 다르다. 40대의 세전 월급은 평균 451만 원, 50대는 429만 원, 60대는 250만 원 수준이다. 50대와 60대의 소득이 줄어드는 이유는 임금피크제의 영향도 있지만, 퇴직 후 이전보다 낮은 임금의 일자리로 재취업하는 경우가 많기 때문이다. 평균 은퇴 연령이 49.3세라는 점을 고려하면, 이러한 통계는 자연스러운 결과다.

따라서 한 직장에서 40대 이후까지 계속 근무하고 있다면, 월급이 451만 원보다 줄어들 가능성은 크지 않다. 위 수치는 단기 고용 노동자까지 포함한 것이므로, 여기서는 세전 월급 500만 원,

세전 연봉 6,000만 원(실수령 약 450만 원)인 경우를 기준으로 노후 자금 마련 계획을 짜려 한다.

2025년 기준으로 5년 후 은퇴를 앞둔 40세는 85년생, 50세는 75년생, 60세는 65년생이다. 현재 40세라면 약 20년간 일한 셈이다. 국민연금은 65세부터 수령할 수 있으며, 수령액은 은퇴 직전의 월급이 아니라 재직 기간 중 납입한 보험료 평균에 따라 결정된다. 예를 들어, 은퇴 직전 월급이 500만 원이었더라도 재직 기간 평균 월급이 400만 원이었다면 국민연금 수령액은 약 월 71만 원, 350만 원이었다면 약 66만 원 정도가 된다.

퇴직급여는 크게 두 가지로 나뉜다. 하나는 법정 기준에 따라 퇴직 시 회사가 지급하는 퇴직금이고, 다른 하나는 언론에서 종종 언급되는 명예퇴직 사례처럼 억대 규모의 퇴직금을 받는 경우다. 일반적인 20년 근속자라면, 은퇴 직전 월 500만 원 소득 기준으로 약 1억 원 정도의 퇴직금을 받게 된다. 참고로, 흔히 '퇴직금'이라 부르는 금액은 정확히는 '퇴직급여'라는 표현이 맞다. 퇴직급여는 일시금으로 지급되는 퇴직금과 연금처럼 나눠 받는 퇴직연금으로 구분할 수 있다.

40대에 은퇴를 한다면 국민연금을 받을 수 있는 시점까지는 여전히 10~20년의 시간이 남아 있다. 1억 원으로 이 기간을 버티기란 어렵다. 그렇기에 현직에 있는 5년의 시간이 매우 중요하다. 이 시기를 활용해 최대한 자산을 불려야 한다.

그동안 연금 계좌를 활용하지 않았다면, 지금이라도 바로 연금 계좌를 개설하고 연간 1,800만 원씩 투자하는 것을 추천한다. 연봉 6,000만 원 기준으로 연말정산을 감안하면 실수령은 약 5,300~5,400만 원, 월로 환산하면 약 450만 원 수준이다. 이 중에서 매월 150만 원을 연금 계좌에 불입하는 것은 부담될 수 있지만, 보통 40대 중후반 은퇴자라면 맞벌이일 가능성도 높고, 은퇴를 앞두고 소비 수준을 줄인다면 충분히 가능한 선택이다.

소득이 있는 지금, 연금 계좌를 최대한 활용해야 하는 이유는 비과세 때문이다. 연금 계좌는 운용 수익에 대해 세금을 내지 않고 복리로 굴릴 수 있어, 5년이라는 짧은 기간에도 효과가 크다. 일반 계좌에서는 배당소득세나 해외 펀드 매매 차익에 대해 15.4%가 원천징수 되지만, 연금 계좌는 전액 비과세다.

예를 들어, 매달 150만 원씩 5년간 연이율 6%로 저축했을 경우, 일반 계좌에서는 약 1억 284만 원, 연금 계좌에서는 약 1억 518만 원이 된다. 수익의 차이는 작아 보이지만, 같은 돈을 굴렸

근로소득자의 연금저축 세액공제율

총급여액	세액공제율	세액공제 한도
5,500만 원 초과	13.20%	연간 600만 원 (IRP까지 합하면 900만 원)
5,500만 원 이하	16.50%	

을 때 비과세로 얻는 복리 효과는 장기적으로 매우 크다.

게다가 연금 계좌 불입액은 연간 900만 원 한도로 최대 16.5%의 세액공제 혜택까지 주어진다. 같은 돈 900만 원을 넣는다면, 연금 계좌를 활용하는 것이 세금 측면에서 5년간 약 800만 원의 절세 효과를 가져다 준다.

그 외 지금까지 모은 자금은 가급적 ISA(개인종합자산관리계좌)로 전환하는 것이 유리하다. ISA는 3년 이상 유지 시 운용 수익 중 최대 200만 원(서민형·농어민형은 400만 원)까지 비과세 혜택이 주어진다. 초과 수익은 9.9%의 낮은 세율로 분리 과세된다. 해외 주식형 ETF나 펀드는 가격이 오르면 수익에 대해 15.4%의 세금을 내야 하지만, ISA에서는 세제 혜택으로 세금 부담을 줄일 수 있다.

ISA는 연간 2,000만 원까지만 납입할 수 있지만, 자유로운 입출금이 가능하고 원금은 언제든 인출할 수 있다. 세제 혜택을 받기 위해선 최소 3년을 유지해야 하지만, 중간에 급전이 필요한 경우에도 유연하게 대응할 수 있다. 주식 직접 투자도 가능해 배당주 전략을 쓰기에 적합한 계좌다.

퇴직급여를 45세에 일시금으로 인출하는 경우

45세 퇴직 때 받은 퇴직급여 1억 원이 퇴직연금을 받기 위해

55세까지 10년간 묶이게 되는 건 부담이다. 20년간 모은 퇴직급여 1억 원의 퇴직소득세는 약 120만 원인데, 이를 절감할 수 있는 세금(36만 원)이 크게 느껴지지 않다 보니 일단 목돈부터 확보하고 싶다는 생각이 들 수 있다.

퇴직급여를 연금으로 받지 않고 일시금으로 받게 된다면, ISA 계좌를 적극 활용해 절세 혜택을 최대한 누리는 편이 낫다. ISA 계좌는 연간 납입 한도가 2,000만 원으로 제한되기 때문에, 1억 원을 첫해에 2,000만 원, 그다음 해에도 2,000만 원씩 넣으며 운용하면 된다.

1985년생이 2030년 45세에 퇴직할 경우를 가정한 노후 자금 시나리오 1

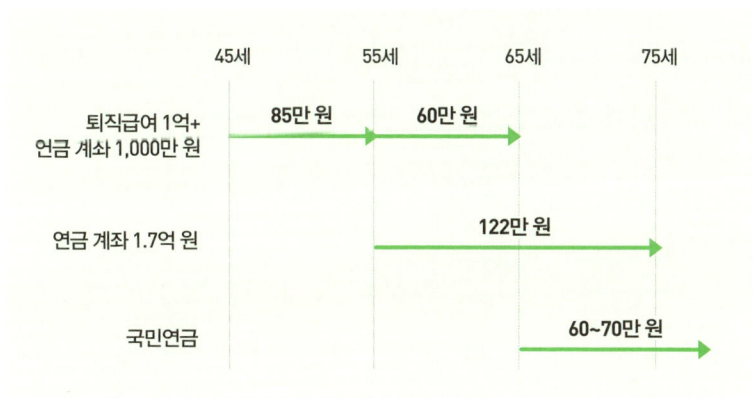

* 퇴직금 1억 원과 연금 계좌에 있던 1,000만 원을 합쳐, 45세부터 55세까지 10년간 매달 85만 원씩 인출한다. 이후 55세부터는 인출액을 60만 원으로 줄이고, 같은 시점부터는 연금 계좌에서 별도로 매달 122만 원을 75세까지 인출한다. 65세부터는 국민연금 수령도 병행된다.
** 사회생활 시작 시점, 근속 기간, 소득 수준에 따라 개인별 노후 준비 상황은 크게 달라질 수 있으므로, 이 시나리오는 참고용 모델로 이해하면 좋다.

45세 은퇴 시점에 퇴직급여를 일시금으로 받고, 개인연금은 55세부터 65세까지 인출하는 경우를 생각해 보자. 앞서 말했듯이, 은퇴 직전 연 1,800만 원씩 5년간 열심히 적립한 개인연금은 은퇴할 무렵이면 약 1억 518만 원으로 불어난다. 이 돈을 10년간 연평균 6%의 수익률로 계속 굴린다면, 55세에는 1억 9,136만 원(원금 9,000만 원, 운용 수익 1억 136만 원)이라는 큰돈을 만들 수 있다.

만약 퇴직급여 1억 원을 55세가 될 때까지 10년간 매달 균등하게 인출하며 연 6%의 배당수익률(세후 약 5%)로 굴린다면, 매달 받을 수 있는 금액은 연금 계산에 따라 약 106만 원이다. 즉, 45세부터 55세까지 퇴직급여를 배당투자로 운용하며 현금 흐름을 만들 수 있다.

다만 퇴직급여를 10년 만에 모두 소진하면 55세 이후 노후 생활이 불안해질 수 있으므로, 국민연금이 시작되는 65세까지 20년에 걸쳐 나눠 쓰는 것이 더 안정적이다. 개인연금은 55세부터 연금 계좌에서 인출할 수 있는데, 세금을 아끼려면 연간 1,500만 원의 인출 한도를 지키는 것이 중요하다. 사실 55세 시점에서 준비된 1억 9,136만 원을 10년 동안 인출하면 연간 약 2,500만 원, 20년 동안 인출하면 연간 약 1,600만 원으로, 연금 계좌의 저율 연금소득세를 적용받기 위한 연간 인출 한도인 1,500만 원을 넘어버린다. 그래서 약 1,000만 원 정도는 55세 이전에 미리 인출하는 것이 좋다.

연금 계좌는 55세 이후 인출이 원칙이지만, 세액공제를 받지 않은 원금 연 900만 원까지는 세금 없이 언제든 자유롭게 인출할 수 있다. 즉, 5년간 비과세 혜택을 보며 넣은 원금 4,500만 원은 5년 후 전액 인출할 수 있는 셈이다.

그래서 45세에 연금 계좌에서 미리 인출한 1,000만 원과 퇴직급여 1억 원을 배당투자 하는 상황을 가정해 보자. 이 금액을 55세까지 전부 소진하지 않고 국민연금이 나오는 65세까지 안정적으로 현금 흐름을 유지하려면, 총 1억 1,000만 원으로 45~55세 기간에는 매달 약 85만 원, 55~65세 기간에는 매달 약 60만 원씩 받을 수 있도록 계획할 수 있다. 여기에 5년 동안 쌓은 개인연금을 10년간 추가로 굴리면, 55세부터는 20년간 매달 122만 원의 현금 흐름이 만들어진다. 또한 국민연금이 개시되는 65세부터는 60~70만 원 정도를 추가로 받을 수 있다.

다시 정리하면, 45~55세는 퇴직급여에서 매달 약 85만 원, 55~65세는 개인연금에서 122만 원과 퇴직급여에서 나오는 60만 원을 합해 총 182만 원을 받을 수 있다. 65세 이후 국민연금이 나오면 개인연금 122만 원에 국민연금 60~70만 원까지 더해 매달 190만 원 이상의 현금 흐름이 생긴다.

언뜻 보면 괜찮은 액수지만, 자녀의 진학이나 결혼 등 큰 지출이 많은 55~65세 구간을 고려하면 다소 부족할 수 있다. 따라서 이 시기 자금 운용을 고려할 때, 퇴직급여를 일시금으로 받기보다는 퇴직연금으로 받아 꾸준히 현금 흐름을 유지하는 방안을 진지하게 고민해 볼 필요가 있다.

퇴직연금을 55세부터 10년간 수령하는 방식

45세부터 54세까지는 연금저축에서 세액공제를 받지 않은 원금을 조금씩 꺼내 쓰다가, 55세가 되면 퇴직연금을 개시하는 방법이다.

만약 45세에 은퇴하더라도 배우자가 충분한 소득을 가지고 있어 55세까지 큰돈이 필요하지 않다면, 퇴직급여는 55세까지 기다렸다가 퇴직연금으로 받는 편이 훨씬 이득이다. 퇴직급여를 연금으로 받으면 IRP 계좌에서 10년간 세금을 아끼며 복리 효과를 누릴 수 있다는 장점이 있다. 퇴직소득세 역시 최대 30%까지 절감할 수 있다. 또한, 이 기간에 목돈이 필요하다면 언제든 자유롭게 꺼내 쓸 수 있는 금액도 있다. 세액공제를 받지 않고 연간 900만 원씩 5년 동안 초과 납입한 원금 4,500만 원을 사용할 수 있기 때문이다.

예를 들어, 퇴직급여 1억 원을 IRP 계좌에 넣어 두면 55세가 될 때까지 약 1억 6,400만 원(5% 수익률 가정)으로 불어난다. 이 돈을 10년간 매달 균등하게 인출하며 연 6%(세후 약 5%)의 배당수익률로

1985년생이 2030년 45세에 퇴직할 경우를 가정한 노후 자금 시나리오 2

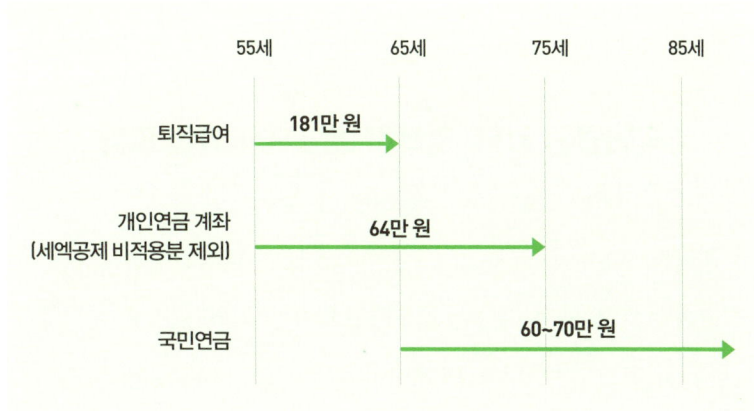

*45세에 퇴직급여 1억 원을 IRP 계좌에 넣고, 55세부터 10년간 연금으로 수령하는 방식이다. 55세부터 65세까지는 IRP 연금(월 181만 원)과 개인연금(월 64만 원)으로 총 245만 원을, 65세부터는 국민연금(월 60만 원)과 개인연금으로 약 130만 원을 수령한다. 45세부터 54세까지는 연금 저축 초과 납입분 4,500만 원을 생활비로 활용할 수 있다.
** 사회생활 시작 시점, 근속 기간, 소득 수준에 따라 개인별 노후 준비 상황은 크게 달라질 수 있으므로, 이 시나리오는 참고용 모델로 이해하면 좋다.

운용하면, 매달 약 181만 원의 연금을 받을 수 있다. 여기에 개인연금을 추가로 20년 동안 수령한다고 가정하면, 매달 약 64만 원을 더해 55세부터 65세까지 월 245만 원 정도의 현금 흐름이 마련된다(만약 세액공제를 받지 않은 돈을 55세 이후까지 남겨뒀다면 받을 수 있는 연금액은 더 커진다.). 65세부터 75세까지는 국민연금에서 나오는 월 60~70만 원과 개인연금 64만 원을 합해, 월 약 130만 원을 받을 수 있다.

이처럼 퇴직연금으로 55세부터 65세까지 현금 흐름을 집중적으로 만들면 비교적 여유롭게 보낼 수 있다. 다만 이후로는 현금 흐름이 줄어들 수 있으므로, 퇴직연금을 쓰고 남은 돈을 ISA 계좌에 다시 투자하는 방법을 추천한다.

국민연금 납부, 멈추지 말고 임의가입 활용

한편, 40대에 퇴직한 경우라면 국민연금 임의가입을 적극적으로 고려하는 것이 좋다. 40대 중에도 국민연금의 고갈을 우려하는 사람들이 많다. 그러나 국민연금이 최근 제도 개혁을 추진하고 있고, 2024년의 수익률이 연 15%에 달할 정도로 우수한 성과를 보였기 때문에 최소한의 보험으로 생각하고 최소 금액이라도 납입하는 편이 낫다. 은퇴 후 매달 9만 원씩 20년간 국민연금을 납입하면, 65세부터 월 40만 원씩 받을 수 있다. 80세까지 산다고 했을 때 총 2,160만 원을 납부하고, 7,200만 원을 수령하게 된다.

특히 여성의 경우 평균 수명이 남성보다 더 길어 임의가입이 더욱 유리할 수 있다. 한국인의 평균 수명은 여성이 86세, 남성이 80세다. 즉, 같은 금액의 연금을 납입하더라도 여성이 남성보다 평균 6년 정도 더 받을 수 있다(유족연금 등 특수 상황은 제외).

50대 - 국민연금 수령 전까지의 10년을 계획하라

현재 50세로 월 소득 500만 원을 받으며 30년 재직한 사람이 55세에 퇴직할 경우, 받을 수 있는 퇴직급여는 1억 5,000만 원이다. 재직 기간 동안 평균 월 소득이 300만 원이었다면 국민연금 수령액은 월 91만 5,000원이고, 350만 원일 때는 99만 원, 400만 원일 경우 106만 6,000원, 450만 원이면 111만 5,000원으로, 월 100만~110만 원 정도의 국민연금을 65세부터 받을 수 있다.

문제는 퇴직 이후부터 국민연금을 받기 시작하는 65세까지의 10년을 버텨야 한다는 점이다. 이 기간 동안 활용할 수 있는 자금은 퇴직급여와 연금 계좌다. 연금 계좌는 55세부터 인출할 수 있다. 단, 세제 혜택을 받지 않은 금액은 얼마든지 자유롭게 인출할 수 있지만, 연말정산에서 세제 혜택을 받은 금액(연간 900만 원)은 사용에 제약이 있다. 절세 효과를 유지하려면 최소 10년 이상의 기간을 두고, 연간 1,500만 원 이내에서 인출해야 한다.

만약 인출액이 연간 1,500만 원을 초과하면 전체 금액에 종합소득세가 합산되거나, 16.5%의 기타소득세를 내야 한다. 한도 초과 인출 시에는 초과 금액뿐만 아니라 전체 인출액에 세금이 붙기 때문에 부담이 크게 늘어나 주의가 필요하다.

퇴직급여는 연금으로 개인연금은 비상금으로

퇴직급여 1억 5,000만 원을 10년간 연금으로 나눠 받을 경우, 월 수령액은 얼마나 될까? 일반적으로 목표하는 배당수익률은 연 6%이지만, IRP 계좌에서는 위험자산 비중이 최대 70%로 제한된다. 따라서 현실적으로는 고수익 채권을 포함하더라도 약 5% 정도의 수익률을 목표로 잡아야 한다. 퇴직급여 1억 5,000만 원을 연 5% 수익률로 운용한다면, 퇴직소득세 공제 전 기준으로 월 약 160만 원을 받을 수 있다.

또한 개인연금 저축에서 매달 인출 가능한 금액은 두 가지로 나뉜다. 첫째는 세제 혜택을 받지 않고 초과 납입한 원금(연간 900만 원씩 5년간 총 4,500만 원)이다. 이 돈을 10년 동안 동일하게 나눠 쓰면 월 37만 5,000원이 된다.

그러나 55세부터 65세까지는 자녀 결혼 등 목돈이 필요한 상황이 발생할 수 있으므로, 이 금액은 연금이 아니라 비상금으로 남겨 두는 것이 좋다. 언제든 원하는 만큼 최대 4,500만 원까지 자유롭게 인출할 수 있고, 인출 전까지는 비과세로 운용 수익도 계속 쌓이기 때문이다.

연금 계좌는 10년으로 쓸까, 20년으로 나눌까?

마지막으로, 연금 계좌에 있는 세제 혜택 금액과 운용 수익을 연금으로 인출할 수도 있다. 예를 들어, 매월 150만 원씩 5년간 연이율 6%로 투자하면 총 1억 518만 원(운용 수익 1,518만 원)이 되고, 연 7%로 투자하면 1억 802만 원(운용 수익 1,802만 원)이 된다. 여기서 세제 혜택을 받지 않은 원금(4,500만 원)을 제외하면 6,018만 원(연 6% 투자 기준)이 남는다. 이 금액을 연금 계좌에 넣고 계속 6% 수익률로 운용하면서 10년 동안 연금으로 받는다면, 매달 약 66만 원을 받을 수 있다.

55세에 은퇴한 후 퇴직연금은 수령 한도를 고려해 20년간 나눠 받는다고 가정해 보자. 이때 10년이 아닌 20년으로 나눈다고 해서 월 수령액이 단순히 절반으로 줄어드는 것은 아니다. 연금 계좌의

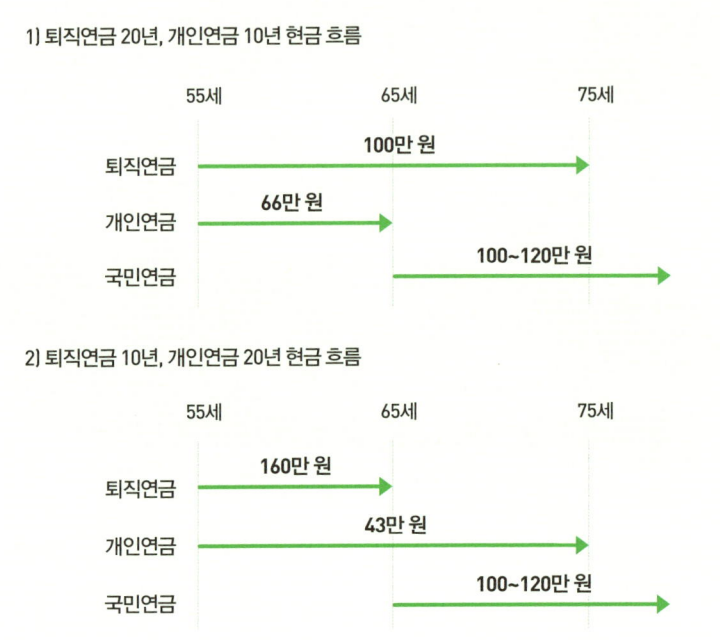

* 사회생활 시작 시점, 근속 기간, 소득 수준에 따라 개인별 노후 준비 상황은 크게 달라질 수 있으므로, 이 시나리오는 참고용 모델로 이해하면 좋다.

자산이 계속 6%의 수익률로 불어나기 때문이다. 게다가 연금은 오래 받을수록 세금도 줄어든다. 연금저축 계좌에 있는 돈(세액공제를 받지 않은 원금 4,500만 원을 제외한 6,018만 원)을 10년 또는 20년 동안 나눠 받았을 때의 현금 흐름을 비교해 보자.

월 66만 원씩 받는 경우를 보자. 이때 55~65세까지는 두 연금을 합쳐 월 165만 원을 수령하게 된다. 이후 65세부터는 퇴직연금

99만 원과 국민연금 약 100만 원을 더해 월 약 199만 원의 현금 흐름을 확보할 수 있어, 더 여유로운 생활이 가능하다. 이처럼 지출이 많은 55~65세 시기에는 퇴직연금 수령액을 연간 인출 한도(1,500만 원) 범위 내에서 일시적으로 늘리는 것도 하나의 방법이다.

또한, 연금 계좌의 돈을 55세부터 75세까지 20년간 나눠 받는 방식도 가능하다. 하지만 이 경우 55~65세에는 개인연금 월 43만 원, 퇴직연금 월 99만 원 수준으로 현금 흐름이 상대적으로 줄어들게 된다. 반면, 국민연금이 시작되는 65세 이후에는 현금 흐름이 과도하게 집중될 수 있으므로, 개인연금은 10년 안에 받는 편이 더 유리하다.

또 다른 방법은 퇴직연금은 55세부터 10년 동안 받고, 개인연금은 55세부터 75세까지 20년 동안 받는 방식이다. 이 경우 퇴직연금 월 160만 원, 개인연금 월 43만 원으로 55~65세에는 총 203만 원의 현금 흐름을 확보할 수 있다. 65~75세에는 국민연금이 더해지며 월 143~163만 원의 현금 흐름이 생긴다.

연금 수령 연차, 매년 1만 원이라도 인출하자

한 가지 유의할 점이 있다. 55세 퇴직 후 배우자가 소득이 있거나, 다른 파트타임 일을 하는 등의 이유로 IRP 퇴직연금 수령을 미루는 경우가 있다. 이럴 때에는 퇴직소득세 감면을 위한 연금 수령 연차가 쌓이지 않기 때문에, 매년 최소 1만 원이라도 인출하는 것이 중요하다.

연금 수령 연차는 초기에 연금을 한꺼번에 인출하는 것을 방지하기 위한 제도다. 수령 연차가 낮을수록 인출 가능한 금액은 적다. 개인연금은 55세가 되면 자동으로 연차가 쌓이지만, 퇴직연금은 실제로 수령해야만 연차가 쌓인다. 이렇게 해야 연간 연금 수령 한도를 늘리고, 퇴직소득세 감면 혜택을 받을 수 있다.

연금 수령 한도는 1년 차에는 연금 계좌 평가 금액의 12%다. 이보다 많은 금액을 수령하면 퇴직소득세 감면을 받을 수 없다. 당장 퇴직연금이 필요하지 않더라도 갑작스러운 지출이 생길 수 있는 것이 노후 생활이다. 그러므로 당장 필요하지 않더라도 매년 1만 원씩이라도 인출하는 것이 현명하다.

이렇게 10년 동안 매년 1만 원 이상 인출하면 연금 수령 한도가 사실상 사라지기 때문에, 나중에 퇴직급여를 한 번에 인출하더라도 퇴직소득세 감면 혜택을 받을 수 있다.

$$\text{연금 수령 한도} = \frac{\text{연금 계좌 평가액}}{(11 - \text{연금 수령 연차})} \times 120\%$$

60대 - 연금소득 구간별 세금 대비가 핵심이다

5년 동안 연금 계좌에 연간 한도인 1,800만 원을 꽉 채워 넣고 65세에 은퇴하면, 계좌에는 총 1억 802만 원(운용 수익 1,802만 원)이 쌓인다. 여기서 세제 혜택을 받지 않은 원금을 제외하면 6,018만 원(연 6% 투자 수익 기준)이 남는다. 이 돈을 다시 연금 계좌에 넣어 6% 수익률로 10년 동안 나눠 받으면, 한 달에 약 66만 8,000원을 수령하게 된다.

65세에 은퇴하는 경우, 재직 기간이 40년 가까이 되기 때문에 월 소득이 500만 원이었다면 퇴직급여와 국민연금 수령액이 적지 않다. 퇴직급여는 약 2억 원, 국민연금은 40년간의 평균 소득에 따라 122만 원(월평균 소득 300만 원)에서 최대 142만 원(월평균 소득 400만

1965년생이 2030년 65세에 퇴직할 경우를 가정한 노후 자금 시나리오

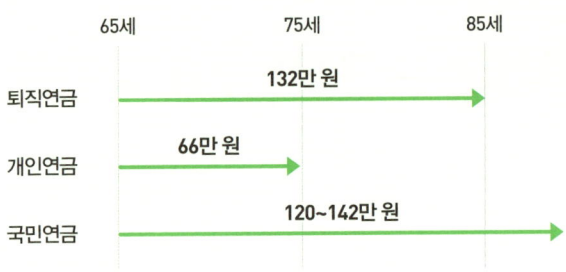

원) 정도가 된다.

퇴직급여를 20년에 걸쳐 나눠 받으면 월 132만 원 수준이다. 개인연금은 앞서 살펴본 50대 사례처럼 세액공제를 받지 않은 4,500만 원은 비상금으로 따로 두고, 나머지를 20년간 연금으로 수령하면 월 43만 원 정도를 받을 수 있다.

이렇게 하면 세 가지 연금을 모두 합쳐 월 최대 317만 원 정도가 확보된다. 65세까지 꾸준히 일한 사람이라면 국민연금을 거의 40년 가까이 납부한 셈이므로, 노후에 큰 재정적 어려움은 없다. 다만, 몇 가지 유의해야 할 점이 있다.

3개의 연금을 받는 60대, 세금 전략이 중요하다

첫째, 건강보험료 문제다. 개인연금과 달리 국민연금 등 공적연금은 연간 2,000만 원을 넘으면 건강보험 피부양자 자격에서 탈락한다. 이때 본인뿐만 아니라 배우자까지 함께 탈락할 수 있다. 연 2,000만 원은 월 166만 원 수준인데, 은퇴 전 월 소득이 500만 원을 넘었다면 대부분 여기에 해당한다. 국민연금뿐만 아니라 이자, 배당, 사업, 근로소득까지 모두 합산되기 때문이다. 국민연금 수령액이 많은 경우에는 지역가입자로 전환하는 것을 감수해야 한다. 반면 국민연금 수령액이 적다면, 이자나 배당소득에 대해 비과세나 분리과세 혜택을 최대한 활용하는 전략이 필요하다.

둘째, 자녀의 연금 준비를 도와주는 것도 방법이다. 연금의 효과를 직접 체감한 만큼 자녀의 연금 준비를 돕는 것은 의미 있는 일이다. 연금의 가장 큰 장점은 장기 투자 효과인데, 30대는 은퇴가 먼 이야기처럼 느껴지고 당장 여유도 부족하기 때문에 적극적으로 투자하기 어렵다. 세금 자체가 많지 않아 세액공제의 매력도 크지 않다. 여유가 있다면 자녀 명의의 연금 계좌에 소액이라도 꾸준히 넣는 방식도 고려해 볼만하다.

셋째, 일시 인출 전략도 고려할 수 있다. 일정 시점에 큰 금액을 인출해 기타소득세를 납부하는 전략도 있다. 연금 계좌에 10년 이상 꾸준히 저축한 경우라면, 65세 이후에도 연 1,500만 원의 인출 한도 때문에 남은 자금을 다 쓰지 못할 수도 있다. 이럴 때에는 특정 연도에 한꺼번에 인출해 기타소득세를 내는 쪽이 오히려 유리할 수 있다. 이 세율은 기존에 받았던 세제 혜택을 일부 반납하는 수준이므로, 종합소득세보다 부담이 적다.

　마지막으로, 연금도 상속할 수 있다. 연금을 모두 쓰지 못한 채 사망하더라도 개인연금과 퇴직연금은 상속이 가능하다는 점을 기억해 두자. 이 경우 낮은 세율의 연금소득세가 적용된다. 사망은 연금 특별인출 사유(6개월 이상 요양, 회생 또는 파산, 천재지변 등)에 해당하므로, 퇴직연금의 경우 퇴직소득세가 30~40% 감면된다. 배우자에게 승계도 가능하며, 배우자가 55세 이상이면 연금으로 수령할 수 있다.

퇴직급여, 어떻게 받느냐에 따라 세금이 다르다

지금까지는 평균적인 퇴직급여와 국민연금 수령액을 기준으로 노후 자금을 계산했다. 하지만 실제로는 40~50대에 퇴직할 때, 법정 퇴직금 외에도 '특별 퇴직금'을 받는 경우도 있다. 언론에서 종종 등장하는 수억 원 규모의 희망퇴직·명예퇴직 사례가 여기에 해당한다.

이처럼 특별 퇴직금 규모가 큰 회사라면, 근속 기간 동안 받았던 고액 연봉에 비례해 법정 퇴직금도 함께 커지기 때문에 상대적으로 노후 준비 부담은 줄어들 수 있다. 그러나, 퇴직금 총액이 커질수록 퇴직소득세 절세 전략은 더욱 중요해진다. (퇴직 시점과 수령 방식에 따라 세 부담이 크게 달라질 수 있으므로, 수령 전략은 반드시 연금 전문가나 세무사와 함께 꼼꼼히 상담해 보는 것이 좋다.)

퇴직급여 6억 원, 어떻게 나눠 받을까?

예를 들어, 법정 퇴직금 3억 원과 특별 퇴직금 3억 원, 총 6억 원을 수령한다고 가정해 보자. 이 전액을 IRP(개인형 퇴직연금) 계좌로 수령하면 퇴직소득세를 바로 원천 징수하지 않기 때문에, 세후 금액이 아닌 그대로 6억 원 전액이 IRP 계좌에 입금된다.

반면, 법정 퇴직금만 IRP로 받고 특별 퇴직금은 별도로 일시금으로 수령할 수도 있다. 이 경우, 특별 퇴직금 3억 원은 퇴직소득세를 공제한 후 입금되며, 필요에 따라 즉시 활용할 수 있다.

고액 퇴직자의 세심한 전략 필요

중요한 점은, 단순히 고액 연봉자가 6억 원의 퇴직급여를 일시금과 연금으로 나눠서 받는 것이 불가능할 수도 있다는 점이다. 특별 퇴직금 없이 6억 원 전액이 법정 퇴직금일 경우, IRP 계좌에 입금된 금액은 특별한 사유 없이 자유롭게 나눠 인출할 수 없다.

퇴직연금의 중도 인출은 법적으로 제한된 사유가 있을 때만 가능하며, 일반적인 경우에는 인출 방식에 따라 퇴직소득세 감면 여부가 달라진다.

퇴직연금 인출, 어떻게 해야 세금 덜 낼까?

이럴 때에는 '퇴직연금 비정기 방식 인출'을 선택할 수 있다. 이 방식은 연금 수령 한도까지는 퇴직소득세 감면을 받을 수 있고, 그 초과분에 대해서는 감면 없이 인출하는 구조다. 연금 수령 한도는 다음의 공식으로 계산된다.

퇴직급여 ÷ (11 - 연차) × 120%

예를 들어 6억 원의 퇴직급여를 수령했다면, 첫해에는 약 7,200만 원까지가 연금 수령 한도가 된다. 이 한도 내에서 인출하면 퇴직소득세 감면 혜택을 받을 수 있으며, 초과 금액은 일반 세율로 과세된다.

3장

배당투자, 무엇을 선택할까?

미워도 국내 주식 vs. 잘나가는 해외 주식

배당투자를 시작할 때 가장 먼저 고민하게 되는 건, 미국 주식으로 할지 한국 주식으로 할지다. 2023년과 2024년에는 엔비디아나 애플 같은 미국 빅테크 기업들이 주가 상승을 이끌면서, 이른바 '서학개미'라 불리는 미국의 주식 투자자들이 크게 늘었다. 비록 2025년 들어 빅테크 주가가 급락하면서 미국 주식 수익률이 한국보다 낮은 상황이지만, 여전히 미국 증시가 장기적으로는 우상향할 것이라는 믿음은 강하다. 그래서인지 배당투자 역시 미국 주식으로 해야 한다는 인식이 많고, 관련 도서도 시중에 다수 나와 있다.

주가의 장기 성장률만 보면 미국 주식이 한국보다 앞서는 것

국가별 주식 배당률

미국(S&P500)	1.3%
한국(코스피200)	2.6%

연도별 코스피 시가 배당률

	2022년	2023년	2024년
보통주	2.70%	2.72%	3.05%
우선주	3.01%	3.43%	3.70%

은 사실이다. 그래서 은퇴 전 자산을 최대한 키우려는 입장에서는 미국 주식의 비중을 높이는 것이 유리하다. 특히 연금 계좌에서는 펀드 매매 차익에 대한 비과세 혜택이 있기 때문에, 과세 대상인 미국 주식을 연금 계좌에 담아 씨드를 키우는 전략이 적절하다. 반면 한국 주식은 일반 계좌에 담아도 매매 차익에 비과세가 적용되므로, 굳이 연금 계좌에 넣을 필요는 없다.

    하지만 은퇴 후 배당금을 통한 현금 흐름이 중요해지는 시점에서는 한국 주식도 충분히 매력적인 선택지가 된다. 한국 주식은 미국 주식에 비해 상대적으로 가격이 낮아, 주가 대비 배당금 비율인 배당수익률이 더 높은 경우가 많다. 예를 들어, 코스피200 기업들의 평균 배당수익률은 2.6%로, S&P500 기업 평균인 1.3%의 두 배에 이른다.

2024년 기준으로 코스피 기업의 보통주와 우선주 평균 시가배당률은 각각 3.05%, 3.70%로, 최근 5년 사이 가장 높은 수준을 기록했다. 국내 기업들도 점차 배당에 적극적인 태도를 보이고 있는 것이다. 업종별로는 금융 섹터의 시가배당률이 4.06%로 특히 높다.

개별 종목을 비교해도 차이는 분명하다. 국내 은행주 가운데 시가총액 1위인 KB금융의 2024년 배당금은 3,174원이며, 3월 말 기준 주가(7만 8,000원)로 계산하면 배당수익률은 약 4.1%에 이른다. 같은 시기 미국의 대표 은행주인 골드만삭스는 2.1% 수준에 그친다.

ETF 기준으로도 양상은 비슷하다. 미국의 대표 배당 ETF인 SCHD의 배당수익률이 4%인 반면, 국내 고배당 ETF들의 연간 배당수익률은 5%대를 기록하고 있다. 커버드콜을 제외한 순수 배당 ETF만 비교해도 한국 ETF들의 수익률이 상대적으로 높다.

물론 주가 상승 여력을 고려하면 미국 주식이 더 나을 수 있다

2024년 업종별 시가배당률

금융	4.06%
전기가스업	4.43%
통신	2.40%

는 의견도 있다. 그러나 최근 1년을 기준으로 보면, 코스피가 하락세를 보인 상황에서도 한국 고배당주는 비교적 안정적인 성과를 냈다. 고배당 ETF 역시 배당수익률뿐만 아니라 주가 상승률에서도 미국 ETF보다 우위에 있었다. 6개월 단위로 보면 등락은 있었지만, 전반적으로는 한국 고배당 ETF가 배당투자 측면에서 더 나은 성과를 보여줬다.

특히 하락장에서는 고평가된 미국 주식보다 가격 부담이 적은 한국 주식이 방어력 면에서 더 유리할 수 있다. 배당투자에서 꼭

주요 고배당 ETF

ETF명	순자산	연 배당 수익률	특징
PLUS고배당주	7,580억 원	5.50%	- 배당금이 꾸준히 증가 - 연평균 배당 성장률 10.1% - 안정적 현금 흐름
KIWOOM 고배낭	230억 원	5.10%	- 최근 1년간 주가 상승률 30%로 최고 - 배당 + 성장 노리는 전략
KODEX 고배당	480억 원	5.10%	- 금융 비중 낮아 섹터 편중 적음(금융 20% 이하) - 분산 투자 성격 강함
TIMEFOLIO Korea플러스 배당액티브	970억 원	8.60%	- 매달 월 배당 (기본 0.5%) - 2024년 특별 배당 6월(1%), 10월(2%) IT산업재 중심, 변동성 있음
TIGER 코리아배당다우존스	630억 원	미정	- 배당 지속성과 성장성 반영 - 배당 퀄리티 기반 전략

* 2025년 5월 말일 기준

미국 주식만이 정답은 아니다. 상황에 따라 한국 주식 역시 충분히 전략적인 선택이 될 수 있다.

그래서 은퇴 전까지는 미국의 성장주 중심 펀드나 ETF로 연금 계좌에서 절세 혜택을 누리다가, 은퇴 시점이 가까워지면 한국의 배당주 ETF로 전환하는 전략이 유리할 수 있다. 연금 계좌에서는 해외 주식 ETF의 매매 차익까지 비과세 혜택이 적용되기 때문에, 이 혜택을 충분히 누린 다음 은퇴 시점부터는 월 배당 형태의 한국 고배당 ETF로 안정적인 현금 흐름을 확보하는 방식이다.

대표적인 고배당 ETF로는 PLUS 고배당주, KIWOOM 고배당, KODEX 고배당, TIMEFOLIO Korea플러스배당액티브, TIGER 코리아배당다우존스가 있다. ETF마다 특징이 다르기 때문에 본인의 투자 스타일에 맞게 선택하면 된다.

따박따박 월 배당 vs. 잊을만하면 받는 연 배당

배당 투자자라면 월 배당을 선호할 수밖에 없다. 특히 은퇴 이후에는 월급처럼 매달 꾸준히 들어오는 현금 흐름이 중요하기 때문에, 월 배당 방식이 더욱 적합한 선택이 될 수 있다. 최근에는 배당투자에 대한 관심이 높아지면서 대부분의 배당 ETF가 월 배당 방식으로 전환되는 추세이기도 하다.

하지만 아직 자산을 축적하는 단계라면, 월 배당보다는 분기 배당이나 연 배당을 선택하는 것이 유리하다. 많은 투자자가 매달 들어오는 배당금으로 바로 ETF나 주식을 매수할 계획을 세우지만, 실제로 계좌에 돈이 입금되었을 때 즉시 재투자로 이어지는 경우는 드물다. 투자 타이밍을 고민하다가 기회를 놓치는 일이 흔하기 때문이다. 결국 배당금은 매달 들어오지만, 실제로 다시 투자에 활용되는 금액은 기대했던 것보다 적을 수 있다.

또한 월 배당에만 집중하면 투자할 수 있는 대상이 제한될 수 있다. 현재 대부분의 개별 주식은 분기, 반기, 연 단위로 배당을 시행하고 있기 때문이다. 대표적으로 은행주는 분기 배당을 실시하는데, 보통 4분기 배당금이 1~3분기보다 많다는 특징이 있다.

한국거래소에 따르면, 2025년 1분기 배당을 실시한 주요 상장사는 다음과 같다. POSCO홀딩스, KB금융, SK텔레콤, 신한지주, 두산밥캣, SK하이닉스, 삼성전자 등이다. HD현대마린솔루션, BNK금융지주 등은 이번에 처음으로 분기 배당을 시행했다. 반기 배당을 실시하는 종목으로는 KT&G, 맥쿼리인프라 등이 있다.

연 1회 배당을 하면서도 배당 수익률이 5%를 넘는 고배당 종목들도 다양하다. LX인터내셔널, GS, iM금융지주, 오리온홀딩스, 풍산홀딩스, 기아, 교보증권, 포스코스틸리온, 세아베스틸지주, 광주신세계, 롯데쇼핑, HL홀딩스, 롯데지주, 크레버스, 현대홈쇼핑 등이 대표적이다.

연 배당 방식의 장점은 주가가 낮을 때 매수하면 배당수익률을 크게 끌어올릴 수 있다는 점이다. 예를 들어 풍산홀딩스의 경우, 2025년 2월 말 기준 주당 배당금이 1,400원이었는데, 이를 2024년 말 주가가 25,000원대일 때 매수했다면 배당수익률은 약 5.6%에 이른다. 이후 배당기준일이 가까워지며 주가가 27,000원까지 상

월 배당 ETF

종류	대표 ETF	연 수익률	배당수익률
파킹용	KODEX CD1년금리플러스액티브(합성)	3.20%	1.20%
장기채	ACE 미국30년국채액티브(H)	-6.80%	4.30%
한국 주식 고배당	PLUS 고배당주	25.30%	4.60%
미국 주식 고배당	SOL 미국배당다우존스	3.40%	4.10%
커버드콜	TIGER 미국30년국채커버드콜액티브(H)	-6.60%	14.10%

* 2025년 5월 말일 기준

분기 배당 종목

종목명	1분기 주당 배당액	주가
POSCO 홀딩스	2,500원	241,500원
KB금융	912원	102,000원
SK텔레콤	830원	51,500원
신한지주	570원	56,300원
두산밥캣	400원	46,150원
SK하이닉스	375원	203,000원
삼성전자	365원	56,200원
HD현대마린솔루션	700원	179,800원
BNK금융지주	120원	11,060원

* 2025년 5월 말일 기준

반기 배당 종목

반기 배당	최근 1년 총 배당액	주가
KT&G	5,400원	124,200원
맥쿼리인프라	760원	11,680원

* 2025년 5월 말일 기준

승하면, 수익률은 5.2%로 다소 낮아진다. 이런 점을 감안하면 연 배당 종목은 주가가 낮을 때 진입해 높은 수익률을 확보하는 전략이 가능하다.

물론 연 배당 방식에도 단점은 있다. 배당기준일이 지나면 주가가 하락하는 배당락 현상이 더 두드러질 수 있다는 점이다. 연 1회 배당을 하는 고배당주는 배당만 보고 매수하는 수요가 많기 때문에, 권리 확정일 다음 날 대거 매도가 몰리는 경우가 잦다. 반대로 배당기준일이 다가올수록 주가가 상승하는 경향도 있어, 기준일 직전 매도 전략을 함께 고려하는 것도 방법이다. 배당소득에는 15.4%의 세금이 부과되지만, 매매 차익에는 과세되지 않기 때문에 세금 부담을 줄이려는 투자자에게는 유용한 대응이 될 수 있다.

심심한 은행주 vs.
업사이드 많은 증권·통신주

최근 배당 투자자들의 관심은 '얼마나 많이 주느냐'보다 '어떻게 지급하느냐'에 더 집중되고 있다. 안정적인 배당의 대명사였던 은행주는 정부의 밸류업 정책과 자사주 소각을 통해 주가 반등을 이끌고 있고, 증시 회복 흐름을 탄 증권주, AI 기대감을 반영한 통신주도 배당 투자처로 주목받고 있다. 지금, 어떤 업종이 더 나은 선택일까? 예측할 수 있는 분기 배당의 은행주, 배당 성향이 높은 증권주, 성장성과 배당을 함께 노릴 수 있는 통신주까지, 세 업종의 배당 전략을 비교해 본다.

심심한 듯 단단한 은행주, 지금 담아도 괜찮을까?

배당 투자자라면 대부분 포트폴리오에 은행주를 포함시키는 것이 일반적이다. 은행 지주사들은 매년 안정적인 이익을 내고 있으며, 이에 따라 배당금도 꾸준히 지급된다. 특히 최근에는 정부의 기업가치 제고 정책, 이른바 '밸류업 정책'에 적극 참여하면서 단순 배당을 넘어 자사주 매입 후 소각을 통한 주가 상승효과까지 기대할 수 있게 되었다.

2024년에는 신한지주를 시작으로 국내 주요 은행들이 잇따라 밸류업 공시를 내놓으며 주가가 크게 반등한 바 있다. KB금융, 신한지주, 하나금융, 우리금융, JB금융 등 주요 은행들은 모두 분기마다 일정한 금액을 배당하는 '분기 균등 배당' 정책을 시행 중이다. 이는 투자자 입장에서 배당 예측 가능성을 높이는 장점이 있다.

은행주들은 2024년 밸류업 프로그램의 추진 효과로, 2025년에는 추가적인 주주 환원 기대감으로 인해 주가가 크게 상승했지만, 여전히 2025년 5월 기준 배당수익률은 3~6% 수준을 유지하고 있다. KB금융과 신한지주는 각각 3%대, 하나금융지주는 5%대, 우리금융지주와 기업은행은 6%대의 배당수익률을 기록 중이다.

특히 KB금융과 신한지주는 대규모 자사주 소각 계획까지 발표한 상태라, 주가 하방을 지지하는 요인으로 작용하고 있다. 우리금융지주는 금융지주 가운데 유일하게 비과세 배당을 시행하고

금융주 ETF

ETF명	순자산	연 배당 수익률	특징
KODEX 은행	3,320억 원	3.00%	카카오뱅크 지분 10% 포함
TIGER 은행고배당플러스TOP10	3,460억 원	5.00%	카카오뱅크 포함 안해 높은 배당률
SOL 금융지주플러스고배당	530억 원	3.90%	증권사 포함
TIGER 200 금융	140억 원	3.50%	삼성생명 등 보험주도 포함
KODEX 증권	870억 원	3.70%	연 배당

* 2025년 5월 말일 기준

있으며, 2025년에는 자사주 1,500억 원 규모의 매입 후 소각을 예고한 상황이다.

은행주에 간편하게 투자할 수 있는 대표 ETF로는 KODEX 은행과 TIGER 은행고배당플러스TOP10이 있다. 특히 TIGER 은행고배당플러스TOP10은 KODEX 은행과 달리 카카오뱅크를 제외하고 고배당 중심으로 구성되어 있어, 상대적으로 높은 배당 수익을 기대할 수 있다는 평가를 받고 있다.

자사주 매입과 소각도 활발히 진행되고 있다. 지난해 은행들은 평균적으로 순이익의 약 11%를 자사주 매입에 사용했는데, 올해는 이 비율이 15%까지 확대될 것으로 기대된다.

다만 은행주에 투자할 때는 환율 상승의 영향을 유의할 필요가 있다. 최근 은행주 주가는 환율이 높아질수록 하락하는 경향을 보이기 때문이다. 이는 은행들의 주주 환원 정책에서 가장 중요한 지표인 보통주자본비율Common Equity Tier 1, CET-1이 환율 상승 시 낮아지기 때문이다. 대부분의 은행지주는 CET-1 비율이 일정 수준(통상 13~13.5%)을 초과하면, 이를 배당이나 자사주 매입·소각 같은 주주환원 정책에 활용한다고 밝혔다. 따라서 환율이 오르면 CET-1 비율이 낮아지고, 이는 결국 배당 여력의 감소로 이어질 가능성이 있다.

경기 침체도 은행주의 위험 요소다. 경기 침체로 기업 부실이 늘어나면 이에 대비하기 위한 충당금 규모가 증가해 순이익이 감소하게 되고, 이는 주주 환원 규모에도 부정적인 영향을 준다.

높은 수익률과 다양성, 증권주의 기회

배당 수익과 안정적인 주가 흐름을 동시에 고려할 경우, 은행주보다 증권주가 더 유리하다는 견해도 있다. 증권 업종은 은행 업종에 비해 환율이나 경기 침체의 영향을 상대적으로 적게 받아, 현 상황에서는 오히려 증권주의 투자 매력이 높아질 수 있다는 것이다.

다만, 증권주는 대부분 연간 배당금을 지급하고 있어 분기마다 배당금을 지급하는 은행주에 비해 배당 주기가 길다는 점이 단점으로 꼽힌다. 또한, 주주 환원 정책이 비교적 고르게 잘 갖춰진 은행주와 달리, 증권주들은 배당금과 자사주 소각 등 주주 환원 수준이 회사마다 큰 차이를 보인다는 점도 투자 시 유의해야 할 부분이다.

최근 실물 경기 침체에도 불구하고 증시 거래 대금은 오히려 증가하는 추세다. 덕분에 증권주는 비교적 안정적인 실적과 주주 환원이 기대되는 업종으로 평가받는다. 실제로 NH투자증권의 배당 성향은 48%, 삼성증권은 35% 수준까지 올라갔다. 증권주의 배당수익률은 대체로 4~8%대로 높은 편이며, 특히 우선주에 투자할 경우 더 높은 수익률을 기대할 수 있다. 다만, 6월부터 증권주 주가가 급등하여 배당수익률은 다소 낮아졌다.

증권업종 가운데 배당수익률이 특히 높은 종목으로는 교보증권(8%대), 대신증권(7%대), 부국증권(5%대)이 대표적이다. 주가 변동성이 상대적으로 낮은 대형 증권사 가운데서도 NH투자증권, 삼성증권, 키움증권, 대신증권의 우선주는 본주보다 배당수익률이 1~2%포인트 더 높아, 보다 안정적인 투자가 가능하다.

또한, 대신증권과 한국금융지주는 '비과세 배당(감액 배당)'을 실시하고 있어 ISA 계좌에 담지 않아도 배당금이 비과세된다는 점에서 강점이 있다. 대신증권은 별도 재무제표 기준으로 30~40% 수준의 배당 성향을 유지하고 있으며, 보통주 기준 1,200원의 현금 배당 가이드라인을 제시하고 있다. 비과세 배당을 실시한다는 점도 투자자 입장에서는 매력적이다.

한국금융지주는 2022년부터 2024년까지 주당 배당금이 2,300

주요 금융 배당주

업종	종목	배당금	주가	배당수익률
은행	KB금융	3,300원	102,000원	3.2%
은행	신한지주	2,190원	56,300원	3.9%
은행	하나금융지주	3,906원	70,500원	5.5%
은행	우리금융지주	1,220원	18,300원	6.67%
은행	기업은행	1,065원	15,440원	7%
증권	NH투자증권	950원	16,250원	5.8%
증권	삼성증권	3,500원	57,100원	6.1%
증권	키움증권	7,500원	149,100원	5%
증권	한국금융지주	3,980원	100,100원	4%
증권	미래에셋증권	250원	13,670원	1.8%
증권	대신증권	1,200원	20,750원	5.8%
기타	메리츠금융지주	1,350원	109,500원	1.2%
기타	서울보증보험	2,865원	33,150원	8.6%
통신	KT	2,100원	51,700원	4.1%
통신	LG유플러스	650원	12,900원	5%

* 2025년 5월 말일 기준

원, 2,650원, 3,980원으로 꾸준히 증가해 왔다. 배당수익률이나 배당 성향 면에서는 일부 아쉬움이 있지만, 실적 성장 속도만큼은 업계 최고 수준이다.

다른 금융업권의 고배당주로는 메리츠금융지주와 서울보증보험이 있다. 메리츠금융지주는 현재 배당수익률만 놓고 보면 1%대로 낮은 편이라 고배당주로 보기 어려울 수 있다. 그러나 배당수익률이 낮아진 이유는 주가가 크게 오른 영향이며, 앞으로도 자사주 매입을 적극적으로 병행할 예정이라 주가 상승을 기대할 수 있는 기업이다. 이 회사는 당기순이익의 50% 이상을 주주 환원에 사용하는 것을 목표로 하고 있다.

서울보증보험은 2025년 초 기준 배당금을 기준으로 하면 배당수익률이 8%대에 이른다.

한편, 증권주에 ETF로 투자하는 방법도 있다. KODEX 증권은 증권주만으로 구성된 ETF로, 연 1회 배당을 실시하며 배당수익률은 약 3.7%다.

이외에도 SOL 금융지주플러스고배당은 은행주를 중심으로 NH투자증권, 한국금융지주 등 일부 증권주를 포함하고 있는 은행지주 ETF이며, TIGER 200 금융은 보험업종까지 포함해 구성된다.

전통 고배당주에서 AI 수혜주로 통신주의 재부상

통신업종 역시 전통적인 고배당주로 분류되며, 최근에는 AI 모멘텀까지 더해져 다시 주목받고 있다. 통신사들은 가입자 기반의 안정적인 매출과 마케팅 비용 절감을 통해 꾸준한 이익을 내고 있으며, 이를 바탕으로 적극적인 주주 환원 정책을 펼칠 수 있는 재무적 여력도 갖췄다. 여기에 AI 산업 확산으로 데이터센터 수요가 증가하면서, 추가적인 매출 성장도 기대된다.

대표적인 통신주인 KT는 2025년 예상 연간 주당배당금이 2,400원에 이를 것으로 전망된다. 현재 주가 48,000원 기준으로 보면 배당수익률은 약 5% 수준이다. LG유플러스는 기본 배당 성향을 40%로 유지하고 있으며, 여기에 더해 당기순이익의 최대 20%를 자사주 매입 및 소각에 활용할 것이란 기대감도 나오고 있다.

확신 있다면 개별주 vs. 선택지가 많은 ETF

배당투자를 할 때 한두 종목에 집중할지, 아니면 어떤 종목이 들어 있는지 정확히 몰라도 분산 투자 효과를 누릴 수 있는 ETF로 할지 고민이 된다. 주식투자 경험이 많지 않다면 개별 종목보다는 ETF나 펀드가 더 나은 선택이다. 고배당 ETF는 보통 10개 이상의 종목으로 구성되어 있어, 일부 종목의 주가가 흔들려도 전체 수익에 미치는 영향은 크지 않다. 또한 개별 종목에 투자했다가 실적 악화로 배당금이 줄어드는 '배당 컷'의 피해도 줄일 수 있다.

그리고 연금 계좌에 투자하려면 ETF나 펀드 형태여야 한다. 개별 주식은 ISA 계좌에 담을 수는 있지만, 연금 계좌에서는 ETF와 펀드만 허용된다.

물론 특정 종목의 주가 상승을 확신한다면 개별 주식투자가 더 나을 수 있다. 펀드나 ETF에서 발생하는 운용 수수료를 아낄 수 있고, 우선주를 중심으로 포트폴리오를 짜면 더 높은 배당 수익률도 기대할 수 있다. 다만 배당주라고 해도 기업의 주주 환원 정책이 시장 기대에 못 미치면 주가가 급락할 수 있어, 개별 종목 투자는 리스크를 감수해야 한다.

예를 들어, 작년 은행주 가운데 가장 기대를 모았던 KB금융은 역대 최고 실적과 함께 연간 5,200억 원 규모의 자사주 매입·소각을 발표했지만, 시장은 1조 원 규모를 예상했던 터라 실망감에 하루 만에 주가가 6%나 떨어졌다. 반면, 비슷한 시기 기대 수준에 부합하는 주주 환원 계획을 내놓은 다른 은행주는 오히려 주가가 올랐다. 이처럼 배당주도 업종 내에서 희비가 엇갈릴 수 있기 때문에, ETF를 활용한 분산 투자가 보다 안전한 전략이 될 수 있다.

또한 대부분의 고배당 ETF는 월 배당 방식이기 때문에, 매달 꾸준한 현금 흐름을 원하는 투자자에게도 잘 맞는다. 고배당 ETF는 구성 종목이 대체로 비슷한 편이지만, 상위 편입 종목이나 금융주 비중 등 세부 구성에 따라 성과가 달라질 수 있으니 그 부분을 참고해 선택하면 된다.

SCHD vs. 미국배당다우존스 시리즈 ETF

주식으로 은퇴를 준비하거나 안정적인 투자를 선호한다면, 한 번쯤은 슈드SCHD라는 이름을 들어봤을 것이다. 이 ETF는 미국 자산운용사 찰스 슈왑Charles Schwab이 2011년에 출시한 상품으로, '다우존스 미국 배당 100 지수'를 추종한다. 이 지수는 10년 이상 연속해서 배당금을 지급한 우량 기업 100개로 구성되어 있으며, 코카콜라, 화이자, 펩시코처럼 배당 성향이 안정적인 기업들이 주를 이룬다. SCHD는 출시 이후 세 배 이상 상승했고, 최근 5년간 수익률만 해도 87%에 달한다. 연평균 주가 상승률은 약 13%, 배당 수익까지 더하면 연간 16% 안팎의 수익을 기대할 수 있는 셈이다.

SCHD의 인기가 높아지면서 국내에서도 이를 추종하는 ETF

들이 잇따라 출시됐다. 대표적인 상품으로는 ACE미국배당다우존스, KODEX미국배당다우존스, SOL미국배당다우존스, TIGER미국배당다우존스가 있다. 이들 ETF는 모두 동일한 지수를 추종하기 때문에 연간 배당수익률도 약 3.6% 수준으로 비슷하다. 순자산총액은 각각 6,300억 원, 3,000억 원, 8,000억 원, 2조 원으로 차이를 보이며, 이름 앞 글자를 따서 '에미당', '코미당', '솔미당', '타미당'이라는 애칭으로도 불린다. 참고로 ACE와 KODEX는 매달 13일, SOL과 TIGER는 28일에 배당금이 지급된다.

SCHD와 이들 국내 상장 ETF 중 무엇을 선택할지는, 미국 상장 ETF와 한국 상장 ETF 간의 차이를 이해한 뒤 결정해야 한다. 먼저, 연금 계좌나 ISA 계좌에는 미국 상장 ETF를 담을 수 없다. 이 점만으로도 국내 상장 ETF를 선택해야 하는 투자자들이 많다.

SCHD와 국내 상장 ETF(다운존스미국배당시리즈ETF) 세금 및 배당 비교

	SCHD	다운존스미국배당시리즈ETF
상장 국가	미국	한국
환율에 따른 주가 변동	연동	환헤지 ETF일 경우는 상관없음
배당 시기	분기 배당	월 배당
배당금 세금	배당소득세 공통	
ETF 주가 상승분 세금	양도소득세	배당소득세

그럼에도 불구하고 미국 상장 ETF에 직접 투자하는 경우가 많은 이유는 '과세 방식의 차이' 때문이다.

배당소득에 대해서는 미국 상장 ETF는 15%, 국내 상장 ETF는 15.4%(지방소득세 포함)로 큰 차이가 없다. 하지만 매매 차익에 대한 과세 방식은 다르다. 미국 상장 ETF는 양도소득세 22%, 국내 상장 ETF는 배당소득세 15.4%로 과세된다. 겉으로 보면 미국 상장 ETF에 대한 세율이 더 높아 보이지만, 상황에 따라 유리할 수 있다. 우선 양도소득세는 연간 250만 원까지 비과세 혜택이 있다. 예를 들어, 2,000만 원어치 SCHD를 매수해 연말에 12% 수익을 내고 팔았다면 차익은 240만 원이다. 이 경우 250만 원 비과세 한도 내에 있으므로 세금을 내지 않는다. 반면 동일한 수익을 국내 상장 ETF(예: 코미당)로 얻었다면, 240만 원의 매매 차익 전액이 배당소득세 과세 대상이 되어 약 37만 원의 세금을 내야 한다.

물론 연금 계좌나 ISA 계좌를 활용하면 과세 부담은 줄일 수 있다. ISA는 3년 이상 유지 시 200만 원까지 비과세, 초과분은 9.9%의 분리과세가 적용된다. 문제는 이러한 절세 혜택이 일반 계좌에서는 적용되지 않는다는 점이다. 연간 금융소득이 2,000만 원을 초과하면 금융소득종합과세 대상이 되고, 1,000만 원만 넘더라도 건강보험료 산정 시 소득으로 반영된다. 그렇기 때문에 국내 상장 ETF는 연금 계좌나 ISA에서 투자하는 것이 바람직하다.

만약 연금 계좌 한도를 넘는 금액으로 해외 배당투자를 해야 한다면, 해당 연도의 배당 및 이자 소득과 ETF 매매 차익을 합산해 1,000만 원 이하로 관리하는 것이 중요하다. 이런 복잡한 계산이 번거롭다면, 차라리 미국 상장 ETF에 직접 투자하는 편이 더 단순할 수 있다.

한편, 국내 상장된 미국 배당 다우존스 ETF 시리즈는 환헤지 여부를 선택할 수 있다는 장점도 있다. 예를 들어 SOL미국배당다우존스(H)는 환율 변동의 영향을 받지 않는다. 다만 환헤지에는 별도의 비용이 발생하기 때문에 수익률이 다소 낮아질 수 있다는 점은 감안해야 한다.

천천히 꾸준한 펀드 vs. 빠르고 유연한 ETF

ETF는 펀드를 주식처럼 사고팔 수 있게 만든 상품이다. 여러 자산에 분산 투자할 수 있다는 점에서는 펀드와 같지만, 실제로는 차이가 꽤 크다. 가장 눈에 띄는 차이는 '내가 원하는 자산을, 원하는 시점에 직접 매수할 수 있다'라는 점이다. 예를 들어 펀드는 오늘 매수 신청을 해도 실제 체결은 2~3일 후의 기준가로 이루어진다. 반면 ETF는 종목과 관계없이 내가 매수 버튼을 누르는 그 시점의 가격으로 바로 체결된다. 실시간으로 가격이 변하다 보니 매매가 쉬워지는 만큼 단기 매매의 유혹도 커지는 단점이 있다. 또 펀드를 환매할 때는 길게는 일주일 이상 걸리는 경우도 있어, 이 점도 미리 감안해야 한다.

펀드와 ETF 차이

	펀드	ETF
실시간 거래	불가능	가능
구성 종목 확인	2개월 뒤 확인	장 마감 후 가능
괴리율, 호가갭 문제	없음	발생 가능
배당금 확인	어려움	쉬움
투자 방법	은행, 증권사가 판매 창구	HTS, MTS를 통해 매입
운용 수수료	다소 높은편	대표 지수 추종의 경우 매우 낮음

ETF는 다양한 투자 테마에 접근하기 쉬운 것도 장점이다. 최근에는 ETF 시장이 커지면서 매달 수십 종의 신규 ETF가 출시된다. 이들 신상 ETF는 그 시점의 투자 트렌드에 맞춰 구성되기 때문에, 당시 주목받는 테마나 종목에 빠르게 투자할 수 있다. 다만 ETF 중에는 일부 종목에 집중 투자하는 구조도 많기 때문에, '분산 투자'라는 펀드의 본래 취지에서 벗어날 수 있다는 점은 유의해야 한다.

비용 측면에서도 ETF는 유리한 편이다. ETF 간 경쟁이 치열해지면서, 미국 대표 지수를 추종하는 ETF의 운용 보수는 0.0062% 수준까지 내려갔다. 평균 1% 수준인 펀드의 운용 보수와 비교하면, ETF의 비용은 체감되지 않을 정도로 낮은 셈이다. 게다가 일부 증권사에서는 퇴직연금 계좌 내 ETF 매매 수수료를 면제해 주기 때문에, 매매·운용에 드는 총비용도 줄일 수 있다.

그럼에도 불구하고, 은퇴를 앞두고 연금 자산을 모으는 시점에서는 펀드가 더 적합할 수 있다. 펀드는 장기 투자를 유도하는 구조다. 반면 ETF는 언제든 사고팔 수 있어 매매가 잦아질 수밖에 없다. 실제로 처음 연금 계좌를 만들 당시, ETF는 제외하자는 논의도 있었지만, ETF 시장 확대를 원하는 자산운용사들의 입김에 따라 결국 연금 계좌 투자 대상에 포함됐다.

ETF에는 또 하나의 단점이 있다. 매수 호가와 매도 호가 사이의 차이, 이른바 '호가 갭'으로 인해 수익률이 줄어들 수 있다는 점이다. 순자산가치$_{NAV}$와 시장 가격의 괴리율까지 감안하면, 아무리 ETF의 운용 보수가 저렴하다고 해도 실제 수익률이 더 높다고 단언하기는 어렵다. 반면 펀드는 같은 기준가로 매수·매도가 이루어지기 때문에 이런 부분에서 손실이 발생하지 않는다.

하지만 은퇴 후, 배당을 통해 현금 흐름을 확보해야 하는 시점이 되면 ETF가 유리하다. 첫 번째 이유는 펀드보다 ETF가 배당 관련 선택지가 훨씬 다양하다는 점이다. 대부분의 펀드는 주식 배당금이나 채권 이자를 재투자하는 구조라, 장기 투자에는 적합하지만 매달 일정한 현금 흐름을 만들어야 하는 은퇴자에게는 불리하다. 반면 월 배당 ETF는 매달 분배금을 일정하게 지급하는 구조로 설계되어 있어, 투자자는 배당 금액을 예측하기 쉬워진다.

두 번째 이유는 배당액을 명확하게 확인할 수 있다는 점이다.

배당 금액을 정확히 알아야 건강보험 피부양자 자격 박탈(연간 금융소득 1,000만 원 초과), 금융소득종합과세 대상(2,000만 원 초과) 등의 불이익을 피할 수 있다. 고배당주에 투자한 펀드는 펀드 내 구성 종목의 배당금 총액을 개인이 알기 어렵지만, ETF는 매달 분배금이 얼마인지 증권사 HTS·MTS에서 바로 확인 가능하다. 알림톡이나 문자로도 실시간 확인할 수 있다.

이때 주의할 점은 '세후'가 아니라 '세전' 배당금 기준으로 판단해야 한다는 것이다. 세전 기준으로 연간 배당금이 1,000~2,000만 원을 넘지 않게 조정해야, 건강보험료 부담이나 금융소득종합과세 대상이 되는 일을 피할 수 있다.

커버드콜 ETF VS 고배당주 ETF

적은 자금으로 은퇴해 최대한 많은 현금 흐름을 만들고자 한다면, 커버드콜 ETF는 꽤 매력적인 대안이 될 수 있다. 다만 커버드콜 자체가 파생상품을 활용한 전략인 만큼, 그에 따른 위험성은 반드시 인지하고 접근해야 한다. 커버드콜 ETF를 단순 고배당 ETF와 비교할 때, 선택의 기준은 결국 '높은 분배금을 위해 주가 상승의 일부를 포기할 수 있느냐'에 달려 있다.

커버드콜 전략이란, 기초자산(주식)을 매수하는 동시에 해당 자산에 대한 콜옵션(살 수 있는 권리)을 매도하는 방식이다. 콜옵션을 팔면 그 대가로 옵션 프리미엄을 받게 되며, 이 프리미엄은 주가 하락 시 일정 부분 손실을 방어하는 역할을 한다. 하지만 주가가 큰 폭으로 상승하면, 이미 콜옵션을 팔아버린 탓에 상승분에 대한 수익은 얻지 못한다.

이 전략은 특히 시장이 횡보하거나 변동성이 클 때 강점을 보인다. 변동성이 커질수록 옵션 프리미엄이 높게 형성되기 때문에, 옵션 매도 수익이 증가하고, 이를 통해 연 10%가 넘는 분배금을 만드는 구조가 가능해진다. 가령 연초와 연말의 주가 수준은 비슷하지만, 그 사이 가격 등락이 컸던 경우에는 커버드콜 전략이 효과적으로 작동한다. 하지만 하락장에서의 방어 효과는 제한적이라는 점도 염두에 둬야 한다. 주가가 하락할 경우 옵션 프리미엄만큼 손익분기점이 낮아지긴 하지만, 하락 자체를 막지는 못한다. 반대로 상승장에서는 콜옵션 매도로 인한 기회비용이 상승효과를 상쇄하는 구조다.

이런 특성 때문에 커버드콜 ETF는 특정한 시장 상황에서 제한적으로 활용하는 것이 바람직하다. 시장이 뚜렷한 상승세가 아니라면, 즉 횡보장이거나 약세장일 때 기존 포트폴리오보다 더 나은 수익을 기대할 수 있다. 강세장에서는 기대 수익이 오히려 줄어들 수 있다. 무엇보다 커버드콜 ETF는 일반적인 고배당 ETF보다 수익률이 더 높게 나오는 경우가 많다. 현금 흐름 자체가 최우선 목표인 투자자라면 자산 일부를 커버드콜 ETF에 배분해 보는 것도 한 방법이다.

2025년 5월 말 기준, 연 배당수익률을 보면 ACE미국반도체데

배당수익률 높은 커버드콜 ETF의 분배율과 주가 변동

ETF명	연간 분배율	3개월 주가 변동	6개월 주가 변동
ACE 미국반도체데일리타겟커버드콜	18.80%	-10.90%	-9.60%
ACE 미국빅테크7+데일리타겟커버드콜	17.90%	-9.70%	-7.10%
RISE 200위클리커버드콜	17.40%	1.90%	2.70%
ACE 미국500데일리타겟커버드콜	17.10%	-8.60%	-6.30%
KODEX 테슬라커버드콜채권혼합액티브	15.90%	-0.30%	-2.80%

* 2025년 5월 말일 기준

일리타겟커버드콜은 약 18%대, PLUS고배당주위클리커버드콜과 ACE미국500데일리타겟커버드은 각각 약 17% 수준이다. 이는 대부분의 고배당 ETF보다 높은 수치다.

하지만 주의할 점도 있다. 커버드콜 ETF는 분배금이 높게 설정된 만큼, 해당 지수보다 더 크게 주가가 하락한 전례도 있다. 연 배당수익률은 '연간 배당금 ÷ 주가'로 계산되기 때문에, 주가가 떨어지면 수익률 수치는 오히려 높아진다. 이 때문에 커버드콜 ETF를 선택할 때는 단순히 수익률만 보기보다, 해당 ETF가 과거 하락장에서 어떤 흐름을 보였는지도 함께 살펴보는 것이 중요하다.

4장

수익률을 갉아먹는 복병, 건강보험료와 세금

세 부장의 은퇴 전략으로 보는 수익률의 차이

한 중견기업에서 비슷한 시기에 퇴직을 앞둔 부장 세 명이 있다. 이들의 노후 대책은 비슷하면서도 미묘하게 달랐다. 국민연금에 꾸준히 가입해 매달 받게 될 연금액은 각각 150만 원. 서울에 약 12억 원짜리 자가 아파트를 보유한 점도 비슷했다.

예·적금파 A 부장

퇴직금까지 더해 금융 자산 5억 원을 손에 쥐고 은퇴한다는 계획을 세웠다. 하지만 예금 금리가 3%대에 머물자 배당주 투자가 눈에 들어왔다. 기대 수익률이 5%로 올라서니 연간 2,500만 원, 세금을 내고도 월 180만 원 정도는 배당으로 받을 수 있을 것 같았다. 국민연금까지 합하면 월 330만 원으로 부족함 없이 살 수 있겠다고 생각했다. 한 달에 42만 원이나 되는 건강보험료 통지서를 받기 전까지는.

부동산파 B 부장

열심히 갭 투자로 불린 돈을 이제 월세 수익이 나오는 오피스텔로 갈아탈 계획이다. 퇴직금과 합쳐 5억 원을 마련할 수 있으니, 여유 자금 1억 원 정도를 남겨 두고 월 150만 원 월세를 받을 수 있게 세팅했다. 국민연금까지 더하면 월 300만 원으로 지낼 만할 것 같았다. 그런데 한 달에 37만 원씩 나오는 건강보험료가 만만치 않다. 취득세와 재산세까지 더해 보면 정작 손에 남는 돈은 많지 않은 것 같다.

주식파 C 부장

주식투자로 돈을 벌기도 하고 잃기도 반복하다 보니 꾸준히 저축만 한 A 부장과 은퇴 시점에 모은 자산이 비슷해졌다. 이제는 공격적인 투자를 그만두고 A 부장처럼 5억 원으로 배당주 포트폴리오를 구성해 기대 수익률 5%를 목표로 삼았다. 하지만 결정적 차이는 건강보험료였다. C 부장 부부는 모두 자녀의 직장에 피부양자로 올라와 있어 건강보험료가 없었다. 같은 배당 수익이라도 부부가 자산을 나누고 비과세 상품을 활용한 덕분이다. 비록 오랜 주식투자로 큰돈은 못 벌었지만, 다양한 투자 상품과 세금 전략에 밝아진 덕분에 노후 생활의 실속을 챙긴 셈이다.

세 부장은 모두 은퇴 직전 세전 월수입이 900만 원은 되는 고소득자였다. 당시 이들이 낸 건강보험료는 한 달에 36만 원 정도였다. 그런데 은퇴 후 수입이 3분의 1 수준으로 확 줄었는데도, C부장을 제외한 두 사람은 오히려 건강보험료가 더 많이 나왔다. 아무리 열심히 배당주 투자를 하고 발품을 팔아 가며 월세 수입을 알아봐도, 결국 건강보험료를 납부하다 보면 여유로운 은퇴 생활이 힘들어지는 것이다.

건강보험료가 배당수익률을 갉아먹는 구조

내가 일하지 않아도, 잠을 자는 순간에도 돈이 스스로 일을 해 수익을 만드는 배당투자는 말만 들어도 매력적이다. 은행 이자보다 수익률이 높고, 주가 상승까지 기대할 수 있어 최근 유행처럼 번졌다. 'FIRE Financial Independence Retire Early'라는 말이 나올 만큼 배당소득만으로 여유롭게 사는 조기 은퇴는 직장인의 꿈이다. 재테크 책이나 언론에서도 배당투자가 부의 추월차선이라고 하며 빨리 시작하라고 권한다.

하지만 한국에서는 직장인이 아니라면 배당투자를 섣불리 해서는 안 된다. 아예 안 하는 것보다는 낫겠지만, 기대 수익률을 낮춰 잡아야 한다. 연금 계좌를 이용하지 않으면, 배당소득을 아무리 많이 올려도 '제2의 세금'이라 불리는 건강보험료가 수익률을 크게 낮추기 때문이다. 직장에 다닐 때는 건강보험료를 크게 신경 쓰지 않는 사람이 많다. 금융소득(이자와 배당소득)이 2,000만 원을 넘더라도, 그 초과분에 대해서만 건강보험료가 부과되기 때문이다. 예를 들어 배당소득이 3,000만 원이라 해도 추가로 내야 하는 건강보험료는 연간 약 80만 원, 한 달 기준으로는 6만 6,000원 수준에 불과하다. 직장인의 입장에서는 크게 부담되는 금액이 아니다.

하지만 은퇴하는 순간, 상황은 완전히 달라진다. 소득은 연금을 제외하면 거의 사라지는데도 건강보험료는 오히려 현역 시절보다 더 많아지는 경우가 적지 않다. 이는 지역가입자의 보험료 부과 체계 때문이다.

건강보험료는 가입 유형에 따라 직장가입자, 지역가입자, 피부양자로 구분되는데, 이 가운데 지역가입자의 부담이 상대적으로 가장 크다. 직장가입자는 근로소득 외의 금융소득이 연 2,000만 원을 초과할 경우에만 해당 초과분에 대해 건강보험료(8.0082%)를 부담하면 된다. 게다가 근로소득에 부과되는 보험료는 절반을 회사가 대신 납부한다.

반면 지역가입자는 이자, 배당, 사업, 연금, 기타 소득 등 모든 소득은 물론, 보유 재산까지도 보험료 부과 대상에 포함된다. 은퇴 후 근로소득이 사라지면 직장가입자 자격도 함께 사라지고, 곧바로 지역가입자로 전환되면서 건강보험료 부담이 급증하는 것이다.

피부양자 자격을 유지하면 건강보험료는 '제로'이지만, 이자와 배당소득이 연간 1,000만 원을 넘겨 지역가입자가 되는 순간 모든 것이 바뀐다. 지역가입자가 되면 본인이 그동안 모은 자산(금융자산 제외)뿐만 아니라 같은 세대 가족 전체의 자산까지 건강보험료를 매길 때 반영된다. 지역가입자에게는 피부양자를 등록할 수 없기 때문이다. 토지, 건물, 주택 등 재산세를 내는 모든 자산이 건강보험료 산정 대상이 되는 셈이다. 직장을 다닐 때는 건강보험료의 절반을 회사가 대신 내줬지만, 은퇴 후에는 모든 것을 혼자서 감당해야 하는 '각자도생'의 시대가 시작되는 것이다.

지역가입자가 되면 배당수익률이 무너진다

배당을 많이 받을수록 고민이 깊어지는 이유는 금융소득종합과세 때문이다. 금융소득이 연 2,000만 원을 초과하면 전체 배당소득에 금융소득종합과세가 적용되고, 피부양자 자격까지 잃어 별도로 건강보험료를 내야 하므로 결국 세후 수익률은 크게 떨어진다. 직장 생활을 할 때 배당투자는 쏠쏠한 부수입이다. 하지만 은퇴 후 배당소득은 주요 수입원이 되는 동시에, 세금과 준조세인 건강보험료 부담까지 안겨준다. 현재 건강보험료율은 장기요양보험료를 포함해 소득의 8.0082%가 부과되며, 재산도 점수화하여 별도의 보험료가 부과된다.

순수하게 세금만 놓고 보면 이자와 배당소득의 기본세율은 15.4%다. 하지만 금융소득이 연 2,000만 원을 초과하면 금융소득 종합과세 대상이 되면서 누진세율이 적용된다. 이때 금융소득이 5,500만 원 이하일 경우 16.5%, 5,500~8,800만 원은 26.4%로 세율이 급격히 올라간다. 그럼에도 직장인들은 금융소득종합과세를 별로 걱정하지 않는다. 현실적으로 연간 배당소득이 5,500만 원을 넘는 경우가 드물고, 설령 과세되더라도 건강보험료는 초과분인 2,000만 원 이상의 금액에만 추가되기 때문이다.

하지만 은퇴자는 상황이 전혀 다르다. 금융소득종합과세에 포함되는 순간 피부양자 자격을 잃게 되어 건강보험료 부담이 급격히 늘어난다. 결국 배당투자를 열심히 해도 실제로 손에 쥐는 금액은 생각보다 많지 않은 상황이 발생하는 것이다.

피부양자 자격을 유지하려면 소득과 재산 모두 일정 기준을 충족해야 한다. 기본적으로 이자소득과 배당소득이 1,000만 원 이하이고, 합산 소득이 2,000만 원 이상 발생하지 않으면 건강보험료가 부과되지 않는다. 다만 재산세 과표에 따라 기준은 달라진다. 재산세 과표가 5억 4,000만~9억 원 사이라면, 연간 소득이 1,000만 원 이하일 때만 피부양자 자격이 유지된다. 반면 9억 원을 초과하면, 소득이 전혀 없어도 자동으로 지역가입자로 전환된다. 반대로 재산세 과표가 5억 4,000만 원 이하인 경우에는 연간 2,000

만 원 이하의 소득까지 허용된다. 예를 들어 1가구 1주택 보유자의 경우, 재산세 과표는 공시가격의 약 45% 수준으로 산정된다. 따라서 보유한 주택의 공시가격이 20억 원을 넘지 않는다면, 이자 및 배당소득을 연간 1,000만 원 이하로 조정하면 피부양자 자격을 유지할 수 있다.

건강보험료 피부양자 자격

합산 소득	재산 5.4억 원 이하	재산 5.4-9억원	9억 원 초과
1,000만 원 이하	피부양자	피부양자	지역가입자
1,000~2,000만 원	피부양자	지역가입자	지역가입자
2,000만 원 초과	지역가입자	지역가입자	

건강보험료 부과 대상 소득과 소득 인정 비율

소득 종류	적용 비율	내용
이자소득	100%	합해서 1,000만 원 초과할 경우만 반영.
배당소득	100%	
사업소득	100%	500만 원 이상이면 피부양자 탈락 주택 임대소득이 있으면 피부양자 탈락
연금소득	50%	국민연금 등 공적연금만 해당
기타소득	100%	
근로소득	50%	

그렇다면 건강보험료가 배당투자 수익률을 얼마나 깎아 먹는지 구체적인 사례로 살펴보자. 예를 들어 5억 원을 연 6% 수익률의 고배당주에 투자하면 연간 배당소득은 3,000만 원이다. 세금과 건강보험료를 고려하지 않으면 매달 250만 원씩 꾸준한 현금 흐름이 생긴다. 하지만 세금과 건강보험료를 따져보면 실제 손에 쥐는 금액은 크게 달라진다.

우선 세금부터 살펴보면, 배당소득은 금융소득종합과세 대상이긴 하지만 세율이 아주 높지는 않다. 배당금 1,400~5,500만 원 구간은 지방세를 포함해 16.5% 세율이 적용된다. 따라서 세금은 연간 약 495만 원, 세후 수익은 2,505만 원으로 줄어든다. 진짜 문제는 건강보험료다. 지역가입자는 금융소득 전체에 8.0082%의 건강보험료를 납부해야 한다. 배당소득 3,000만 원에 대한 연간 건강보험료는 약 240만 2,460원(약 월 20만 200원)이 된다. 재산이 하나도 없는 지역가입자라 하더라도, 금융소득종합과세로 피부양사 자격이 박탈되면, 연간 3,000만 원의 기대 수입은 결국 2,265만 원으로 감소한다. 매달 250만 원이라 기대했던 배당소득이 월 188만 원으로 줄어드는 셈이다.

그런데 여기서 끝이 아니다. 대부분의 은퇴자는 어느 정도 재산을 가지고 있기 때문이다. 지역가입자가 되는 순간부터 금융소득뿐만 아니라 재산에도 건강보험료가 붙는다. 이전에 소득 요건(연간 2,000만 원 이하)을 충족해 피부양자 자격을 유지했던 사람도, 금융소득이 늘어 지역가입자로 전환되면, 그간 면제됐던 국민연금 소득도 건강보험료 부과 대상이 된다. 예를 들어, 국민연금을 연간 800만 원(월평균 약 66만 원) 받고, 재산세 과표 5억 원짜리 주택을 보유한 사람이 연간 3,000만 원의 금융소득까지 올린다면, 월 건강보험료는 약 40만 5,000원, 연간으로는 486만 원이 된다.

결국, 3,000만 원 배당에서 세금과 건강보험료를 모두 내고 나면 실제 손에 남는 돈은 연 2,019만 원이다. 월 250만 원이라 기대했던 현금 흐름이 월 168만 원으로 쪼그라드는 셈이다. 애초에 5억 원 투자로 세전 수익률은 6%였지만, 건강보험료까지 모두 고려하면 실질 수익률은 약 4%로 떨어진다.

피부양자 자격을 지켜야 수익률을 지킨다

앞서든 예시처럼, 국민연금 수령액이 연간 800만 원, 금융소득이 3,000만 원일 때 재산세 과표가 7억 원(공시지가 15억 5,000만 원)으로 늘어나면 월 건강보험료는 43만 2,000원까지 올라간다. 결국 배당투자를 통해 기대한 수익률은 건강보험료까지 포함하면 크게 줄어든다. 지역가입자가 되는 순간, 배당투자는 '빛 좋은 개살구'로 전락할 가능성이 높다. 피부양자로 남을 때의 수익률과 지역가입자가 된 이후의 실질 수익률은 전혀 다른 게임이다.

그래서 은퇴자는 반드시 피부양자 자격을 유지하는 방향으로 배당투자를 설계하는 것이 현명하다. 물론 부부 모두 재산세 과표가 9억 원, 공시지가 20억 원을 초과하거나, 국민연금 수령액이 많아 연간 소득 2,000만 원 이하 기준을 맞추기 어렵다면 어쩔 수 없다. 그러나 그 외의 경우라면 피부양자 자격을 유지할 수 있는 여지는 충분하다.

심지어 이자·배당소득이 2,000만 원을 넘더라도 피부양자가 될 수 있는 방법도 존재한다. 이것이 앞서 연금 계좌 투자를 반복해서 강조한 이유이며, 연금 계좌 한도 이상의 배당투자를 원한다면 반드시 또 다른 절세 방안을 함께 마련해야 하는 이유이기도 하다.

은퇴 후에도 계속 오르는 건강보험료와 세금

월급이 없어진 은퇴자라면 건강보험료를 매달 내는 일은 부담스러울 수밖에 없다. 큰 병에 걸릴 상황에 대비해 건강보험 하나만으로는 불안해 암보험이나 실손보험까지 추가로 가입하면, 매달 보험료만 50만 원 넘게 나가는 경우도 흔하다. '은퇴 후의 10만 원은 은퇴 전의 100만 원과 맞먹는다'라는 말처럼, 몇백만 원의 근로소득 대신 몇십만 원의 연금이 주 수입원인 은퇴자에게 건강보험료는 큰 부담이다.

더 큰 문제는 건강보험료가 앞으로도 계속 오를 수밖에 없다는 점이다. 2025년 건강보험료율은 소득의 8.0082%(장기요양보험 포함)이며, 장기요양보험을 제외한 순수 건강보험료율만 따져도

7.09%다. 이는 2016년(6.24%)과 비교하면 10년 만에 13.6%나 오른 수치다. 매년 조금씩 꾸준히 오르던 건강보험료는, 고령층 비율이 빠르게 높아지고 있는 초고령 사회에서는 상승세를 멈추기 어려울 것으로 보인다. 의료 서비스를 많이 이용하는 인구가 늘어날수록 건강보험 재정을 유지하기 위한 비용도 늘어날 수밖에 없다.

여기에 의료 개혁 등으로 인해 건강보험 재정 지출이 계속 증가하고 있어, 결국 재정이 적자로 돌아설 가능성도 높아지고 있다. 국회예산정책처의 분석에 따르면, 지금과 같은 상황이 이어질 경우 2030년에는 건강보험 누적 준비금이 모두 소진되고, 10년간

연도별 건강보험료율 변화

적용 기간(연도)	건강보험료율 (%)	장기요양보험료율 (%)	비고
2025	7.09	0.9182	
2024	7.09	0.9182	장기요양보험료 산정 방식 변경
2023	7.09	0.9082	
2022	6.99	12.27	
2021	6.86	11.52	
2020	6.67	10.25	
2019	6.46	8.51	
2018	6.24	7.38	
2016 ~ 2017	6.12	6.55	

누적 적자는 32조 원에 이를 것으로 전망된다.

게다가 '부자 과세'라는 명분으로 도입된 금융소득종합과세 대상자도 계속 늘고 있다. 박수영 국민의힘 의원이 국세청으로부터 받은 자료에 따르면, 2023년 금융소득종합과세 대상자는 33만 6,246명으로 전년(19만 1,501명) 대비 75% 넘게 증가했다. 2020년(17만 8,000명) 이후 급격한 증가세다. 금융소득종합과세 기준은 2013년에 2,000만 원으로 낮아진 후, 국민소득이 계속 오르고 있음에도 10년 넘게 그대로 유지되면서 대상자만 늘어나고 있다.

2024년 기획재정부는 한국 증시의 활성화를 위해 배당소득 분리과세를 추진했지만, 당시 야당(더불어민주당)의 반발로 성과를 내지 못했다. 여러 타당한 이유가 있다고 하더라도, 만성적인 세수 부족 상황에서 배당소득만 특별히 세금을 깎아주는 법안이 통과되기는 쉽지 않다. 결국 정부의 감세 혜택을 기다리기보다, 개인이 각자 세금과 건강보험료를 줄일 방법을 찾아야 하는 시대가 온 것이다.

MZ와 다른,
50대의 배당 전략

아무리 젊음이 부러워도 은퇴한 세대가 20·30대의 배당주 투자 방식을 그대로 따라 해서는 안 된다. 50·60·70세대는 은퇴 이후 근로소득이 없기 때문에 이자와 배당이 거의 유일한 수입원이다. 그런데 아이러니하게도 이 세대는 배당투자에서 가장 불리한 조건을 안고 있는 세대이기도 하다. 직장 가입자이거나 재산이 많지 않은 20·30대와는 상황이 완전히 다르다. 그만큼 50·60세대는 배당주 투자 시 고려해야 할 요소가 훨씬 많다.

첫 번째 이유는 건강보험료 때문이다. 앞서 말했듯이 은퇴 세대는 보통 지역가입자가 된다. 이자·배당소득이 연 2,000만 원 이하이고, 재산세 과표가 5억 원 미만이며, 국민연금 수령액이 월

166만 원(연 2,000만 원) 이하라면 피부양자 자격을 유지할 수 있다. 하지만 배당소득을 늘리겠다고 무리하게 투자해 수익이 커지면 지역가입자로 전환되어 건강보험료 부담이 커지고, 최종 수익률은 오히려 낮아지게 된다.

두 번째로, 50·60세대는 20·30대보다 축적한 자산이 많다. 특히 베이비부머는 부동산 가격 상승의 수혜를 본 세대다. 젊은 시절부터 열심히 일해 마련한 집은 이제 노후의 가장 큰 자산이 되었고, 서울·수도권의 경우 아파트값 상승이 그 자산 가치를 더 키워 줬다.

문제는 이 집이 현금 흐름을 만들지 못한다는 점이다. 집을 팔지 않는 이상 손에 들어오는 돈은 없고, 오히려 재산세와 건강보험료만 나온다. 억대 부동산을 보유한 은퇴자가 연간 1,000만 원 넘는 이자·배당소득을 올리면, 그로 인해 매달 수십만 원씩 건강보험료를 더 내야 하는 상황이 벌어진다. 월급을 모아 10억 원 미만의 집을 샀거나 전월세에 살면서 부동산 자산은 적지만 금융 소득을 적극 활용하는 20·30대 FIRE 족과는 구조가 완전히 다르다.

세 번째는 회복 여력이다. 은퇴자는 손실을 회복할 시간과 자금이 부족하다. 그래서 더 보수적이고 안정적인 투자가 필요하다. 여유가 없기 때문에 오히려 손실이 발생하면 심리적 압박이 커지고, 잘못된 투자 판단으로 이어질 가능성도 크다.

주식은 항상 오르기만 하는 것이 아니다. 하락장이 오면 젊은 세대는 기다릴 시간도 있고, 월급을 활용해 추가 매수(물타기)도 가능하다. 그러나 은퇴자는 정해진 연금, 퇴직금, 금융자산으로 매달 일정한 현금 흐름을 만들어야 한다. 원금 손실이 발생하면 곧바로 생활에 타격을 주고, 심지어 투자에 대한 자신감마저 흔들리게 된다.

은퇴자의 든든한 절세 무기, ISA

　배당에 따른 건강보험료와 세금을 줄이기 위한 가장 강력한 무기는 연금 계좌와 ISA다. 연금 계좌가 기본적으로 꼭 갖춰야 할 절세 도구라면, ISA는 이를 보완하는 보다 자유로운 계좌다. ISA는 국내 주식, 채권, 펀드, ELS 등 대부분의 금융 상품을 하나의 계좌에 담을 수 있는 절세 통합 계좌다. 해외 주식이나 파생상품 정도를 제외하면 거의 모든 상품을 운용할 수 있어 일반 계좌와 큰 차이가 없어 보일 수 있다. 하지만 세제 혜택 면에서는 전혀 다르다.
　ISA는 형태에 따라 중개형, 신탁형, 일임형으로 나뉜다. 이 가운데 최근에는 투자자가 직접 운용할 수 있는 중개형 ISA가 빠르게 늘고 있다. 중개형은 수수료가 없고, 채권이나 국내 주식 등 다

ISA 유형별 조건 비교표

구분	일반형	서민형	농어민
가입 요건	만 19세 이상 또는 직접적으로 근로소득이 있는 만 15~19세 미만 대한민국 거주자	직전년도 총급여 5천만 원 또는 종합소득 3천 5백만 원 이하 거주자 (가입 신청일에 따라 상반기는 직전년도, 하반기는 전년도 기준)	직전년도 종합소득 3천 6백만 원 이하 농어민 거주자 (가입 신청일에 따라 상반기는 직전년도, 하반기는 전년도 기준)
비과세 한도	200만 원	400만 원	400만 원
비과세 한도 초과 시	9.9% 세율 분리과세 적용		
의무 가입 기간	3년		
납입 한도	연간 2천만 원, 최대 1억 원 (연복년도 미이월 분납 한도는 다음 해로 이월 가능)		
중도 인출	총 납입금에서 세금 없이 중도 인출 가능 (연복년도 납입 한도가 회복되지 않음)		
추가 필요 서류	[만 15~19세 미만] 개인종합 자산관리계좌 가입 시 소득확인증명서	개인종합자산관리계좌 가입 시 소득확인증명서	개인종합자산관리계좌 가입 시 '소득확인증명서' 혹은 '농어업인확인서' 등

양한 자산에 직접 투자할 수 있다는 장점이 있다. 반면, 신탁형과 일임형은 연 0.1~0.2% 수준의 신탁 보수나 수수료가 발생하며, 예금 상품을 담고 싶다면 신탁형을 선택해야 한다.

ISA 계좌에서 발생한 수익에 대해서는 일정 한도까지 비과세 혜택이 주어진다. 서민형과 농어민형은 최대 400만 원, 일반형은 200만 원까지 비과세이며, 초과분에 대해서도 9.9%의 분리과세가 적용된다. 일반 계좌에서 15.4%의 세율이 적용되는 것과 비교하면 분명한 절세 효과가 있다.

ISA의 또 다른 장점은 '손익 통산'이 가능하다는 점이다. 이익과 손실을 합산한 순이익에 대해서만 세금을 내기 때문에 세 부담이 줄어든다. 예를 들어, ISA 계좌 안에서 배당금 1,000만 원을 받는 동시에 주식에서 900만 원의 손실이 발생했다면, 실제 과세 대상은 100만 원뿐이다. 이마저도 비과세 한도 안에 있다면 세금은 한 푼도 내지 않는다. 반면 일반 계좌였다면 손실 여부와 상관없이 배당금 1,000만 원 전체에 15.4% 세율이 적용돼 154만 원의 세금을 내야 했을 것이다.

ISA의 연간 납입 한도는 2,000만 원이며, 미사용 한도는 이월할 수 있어 최대 5년간 1억 원까지 납입할 수 있다. 단, 누구나 가입할 수 있는 건 아니다. 기본 요건은 만 19세 이상이거나, 16~18세라도 직전 연도에 근로소득이 있었던 경우다. 하지만 최근 3년 내 한 번이라도 금융소득종합과세 대상이었던 사람은 가입이 제한된다.

ISA는 가입 유형에 따라 일반형, 서민형, 농어민형으로 구분된다. 일반형은 만 19세 이상이면 누구나 가입할 수 있고, 서민형은 총급여 5,000만 원 이하 또는 종합소득 3,800만 원 이하의 거주자가 대상이다. 농어민형은 종합소득 3,800만 원 이하인 농어민에게 한정된다. 특히 서민형은 비과세 한도가 높기 때문에, 임금피크제 등으로 인해 소득이 줄어든 은퇴 예정자에게 유리하다.

무엇보다 ISA의 가장 큰 강점은 연금 계좌와 달리 '언제든지 자유롭게 인출할 수 있다'라는 점이다. 단, 비과세 혜택을 온전히 받으려면 최초 가입일로부터 3년은 유지해야 한다. 이 기간 이전에 해지하면 감면받은 세금을 추징당할 수 있다. 하지만 납입한 '원금'만 인출할 경우 해지로 간주되지 않기 때문에, 계좌를 유지한 채로 필요할 때 원금과 수익을 꺼내 쓸 수 있다. 이 경우에도 세제 혜택은 그대로 유지된다.

건강보험료 폭탄 피하기

이자와 배당소득을 포함한 대부분의 일반 소득에는 건강보험료가 함께 부과된다. 특히 연간 금융소득이 2,000만 원을 넘으면 건강보험 피부양자 자격이 자동으로 박탈되고, 지역가입자로 전환된다. 이 경우 소득의 8.0082%(건강보험료율 7.09% + 장기요양보험료율 0.9182%)를 보험료로 내야 하며, 여기에 재산에 따른 보험료까지 추가된다.

예를 들어, 재산세 과표가 5억 4,000만 원을 넘고 9억 원 이하일 경우, 연간 합산 소득이 1,000만 원 이하여야 피부양자 자격을 유지할 수 있다. 소득이 1,000만 원을 넘는 순간 자격이 박탈된다. 따라서 금융소득뿐만 아니라 재산 기준도 함께 충족하는지 반드시 확인해야 한다.

이 기준을 맞추기 어렵다면, 부부 공동명의로 자산을 분산해 과표를 줄이는 방법도 고려해 볼 수 있다. 기준을 초과하게 되면 이자·배당소득에 적용되는 '실질 세율'이 이론상 최대 57.5082%까지 치솟을 수 있다. 종합소득세 최고세율 49.5%에 건강보험료율 8.0082%가 더해진 결과다. 피부양자일 때는 재산에 대한 보험료가 없지만, 지역가입자가 되면 재산도 보험료 부과 대상이 되므로 체감 부담은 훨씬 커진다.

직장가입자라고 해서 안심할 수 있는 건 아니다. 금융소득이 2,000만 원을 넘지 않으면 건강보험료가 추가로 부과되지 않아 실질 세율은 15.4%에 머문다. 그러나 단 1만 원만 초과해도 금융소득종합과세와 건강보험료가 동시에 적용되며, 세율은 23.4082%로 급등한다.

또 하나 주의할 점은 ISA 계좌다. 금융소득이 종합과세 대상이 되면, 이후 ISA 신규 가입이 불가능해진다. ISA는 3년 이상 유지 시 비과세 한도 200만 원과 분리과세 혜택이 주어지는 유용한 계좌다. 은퇴 전이라도 금융소득을 2,000만 원 이하로 조절하는 이유가 여기에 있다.

은퇴 후에는 더 신중해야 한다. 보유 재산 규모에 따라 금융소득이 연 1,000만 원을 넘지 않도록 조정하지 않으면 피부양자 자격을 잃고, 지역가입자로 전환되면서 건강보험료 부담이 급격히 늘어난다. 앞서 소개한 연금 계좌나 ISA 외에도, 고배당을 받으면서 세금과 건강보험료 부담을 줄일 수 있는 전략이 세 가지 더 있다.

배당소득세와 건강보험료를 줄이는 세 가지 방법

첫 번째는 비과세 배당을 주는 주식에 투자하는 것이다. 비과세 배당은 일명 감액배당이라고 하는데 자본준비금을 이익잉여금으로 전환해 배당 재원을 마련하면 배당금을 수령해도 배당소득세를 내지 않는다. 자본준비금은 원래 주주가 회사에 출자한 납입자본이기 때문에, 이를 다시 주주에게 돌려주는 행위는 이익 배당이 아닌 원금 반환으로 간주된다. 따라서 과세 대상에서 제외된다.

2024년 주주총회까지만 해도 메리츠금융지주 등 약 30개 기업만이 이 제도를 활용했지만, 2025년에는 그 수가 130여 개로 늘었다. 우리금융지주, 한국금융지주, 현대엘리베이터 등 기존 고배당주들도 감액배당을 선택하면서, 투자자들의 선택지가 한층 다양해졌다.

비과세 배당 종목을 찾으려면 금융감독원 전자공시시스템(DART)에서 '자본준비금 감액'이라는 키워드로 검색하면 된다. 최근에는 비과세 배당에 대한 관심이 높아져, 1~3월 사이 포털사이트에 '비과세 배당'만 검색해도 관련 뉴스와 종목 리스트를 쉽게 확인할 수 있다.

다만, 과세당국에서는 비과세 배당 기업이 늘어나는 상황에서 제도를 손질해 과세를 하는 방향을 검토할 수 있기 때문에 이를 통한 배당소득세 절세 전략은 오래 활용하지 못할 수도 있다.

두 번째 방법은 국내 지수를 기반으로 한 커버드콜 ETF를 활용하는 것이다. 국내 파생시장 내 옵션 프리미엄은 비과세 항목이

비과세 배당 가능 기업 리스트

종목명	시가총액 (십억 원)	주가(원)	2025년 예상 주당 배당금(원)	2025년 예상 시가 배당률(%)
메리츠금융지주	21,044	116,900	1,400	1.2
우리금융지주	13,255	17,850	1,242	6.96
한국금융지주	4,982	89,400	4,273	4.78
두산밥캣	4,639	48,400	1,758	3.63
아이에스동서	588	19,480	1,000	5.13
더블유게임즈 (2025년 비과세 배당 전망 기업)	1,219	56,700	1,328	2.34
대신증권 (2025년 비과세 배당 전망 기업)	1,009	19,800	1,200	6.04
메가스터디교육 (2025년 비과세 배당 전망 기업)	582	54,000	1,950	3.61

* 5월 12일 종가 기준

출처: 삼성증권 리서치센터

기 때문에, 이 프리미엄을 분배금 형태로 지급하는 커버드콜 ETF
는 세금은 물론 건강보험료 부과 대상에서도 제외된다.

단, 해외 지수나 종목을 기초자산으로 한 커버드콜 ETF는 국
내 상장돼 있어도 분배금이 배당소득세 과세 대상이 되므로, 국내
지수 기반 상품을 선택해야 절세 효과를 얻을 수 있다. 대표적인
국내 지수 커버드콜 ETF는 KODEX 금융고배당TOP10 타겟위클
리커버드콜, KODEX 200타겟위클리커버드콜, PLUS 고배당주 위
클리커버드콜, RISE 200위클리커버드콜, RISE 200고배당커버드
콜 ATM, TIGER 200커버드콜, TIGER 200커버드콜 OTM이 있다.

이 중 주의할 점은, 배당소득은 과세 대상이라는 것이다. 커버
드콜 ETF는 원칙적으로 옵션 프리미엄과 매매 차익은 비과세이
지만, 고배당주 중심으로 구성된 ETF의 경우 분배금 중 상당 부
분이 실제 배당에서 나올 수 있다. 예를 들어, 'KODEX 금융고배

절세 가능한 국내 커버드콜 ETF

ETF명	연 배당률
RISE 200위클리커버드콜	17%
TIGER 배당커버드콜액티브	9%
TIGER 200커버드콜	8%
KODEX 200타겟위클리버드콜	7%

* 2025년 5월 말일 기준

출처: ETF체크

당TOP10타겟위클리커버드콜'과 'PLUS 고배당주 위클리커버드콜'의 경우 4월 분배금 전액이 과세 대상이었다. 따라서 고배당 커버드콜 ETF에 투자할 경우, 1~2개월 정도는 월 분배금 전액이 배당소득으로 과세될 수 있다는 점을 감안해 배당소득 계획을 세워야 한다.

마지막 방법은 배당락일 전에 주식을 매도하는 것이다. 배당기준일까지 주식을 보유하면 배당금을 받을 수 있지만, 배당락일에는 배당 권리가 사라지며 주가가 하락하는 경향이 있다. 이는 연 1회 배당을 실시하는 고배당주에서 특히 자주 발생한다.

예를 들어, HS애드는 배당률이 6%를 넘는 고배당주였는데, 2025년 3월 18일 배당락일에 주가가 470원 하락했다. 이는 배당금 550원과 거의 맞먹는 수준이었다. 실제로 세금까지 감안하면, 배당을 받는 것보다 차라리 배당락일 전에 파는 것이 유리했던 셈이다. 포스코스틸리온의 경우도 비슷했다. 2025년 3월 27일 배당금이 2,160원이었지만, 당일 주가는 2,300원이나 하락해 오히려 손해를 보는 상황이 벌어졌다.

분리과세가 나을까, 종합과세가 나을까?

소득에 대한 세금은 분리과세와 종합과세 방식으로 나뉜다. 은퇴 예정자라면 특히 두 가지 경우를 고민해야 한다. 하나는 배당으로 수익을 모아갈 때이고, 다른 하나는 연금에서 연간 1,500만 원 이상을 인출할 때다.

종합과세는 이자, 배당, 사업, 근로, 연금, 기타 소득(이른바 이·배·사·근·연·기)을 모두 합산해 과세하는 방식이다. 6~45%(지방세 별도)의 누진세율이 적용되며, 소득이 적을수록 낮은 세율이, 많을수록 높은 세율이 적용된다. 반면, 분리과세는 특정 소득을 종합소득에서 따로 떼어 과세하는 방식이다. 예를 들어, 금융소득(이자·배당 등)이 연 2,000만 원 이하일 경우 15.4%의 분리과세가 적용된다.

배당과 연금, 어떤 과세 방식이 유리할까?

배당소득에 대해서는 분리과세가 유리한 경우가 많다. 종합과세를 택하면 건강보험료 부과 대상이 되고, 세율도 더 높아질 수 있기 때문이다. 종합소득세율은 최저 6%부터 시작하지만, 2,000만 원을 초과하는 금액에 대해서는 원천징수세율(14%)보다 높은 세율이 적용되도록 되어 있다. 분리과세 항목은 대체로 세율이 낮은 편이다. 대표적인 예가 ISA 계좌에서 비과세 한도를 초과한 금융소득(세율 9.9%)과 연금 계좌에서 발생하는 연금소득이다. 연금소득에는 3.3~5.5%의 연금소득세율이 적용된다. 퇴직금 역시 분리과세 항목에 포함되지만, 이 경우는 단일세율이 아니라 누진세율이 적용될 수 있다는 점을 유의해야 한다.

다만, 개인연금을 수령할 때는 분리과세보다 종합과세가 더 유리한 경우가 있다. 종합소득세에는 본인과 소득 100만 원 이하의 배우자와 부양가족 1인당 150만 원씩 인적공제가 적용되기 때문이다. 여기에 국민연금 보험료 공제까지 더해지면, 아주 높은 종합소득세율이 아니라면 종합과세 쪽이 오히려 유리할 수 있다. 개인연금에서 연간 인출하는 금액이 1,500만 원을 초과할 경우, 납세자는 종합과세와 분리과세 중 하나를 선택할 수 있다. 이때 어떤 쪽이 더 유리한지는 국민연금을 포함한 전체 소득을 함께 고려해 판단해야 한다.

실제 사례로 비교하는 세금 차이

예를 들어 국민연금을 연간 1,200만 원, 개인연금을 3,000만 원 수령한다고 가정하자. 종합과세를 선택하면 먼저 총 연금액에서 연금소득공제를 적용한 뒤, 인적공제를 한 번 더 적용해 과세표준을 산출한다. 공적연금(국민연금)과 사적연금(개인연금)을 합한 총 연금소득은 4,200만 원이다. 여기에서 연금소득공제 900만 원을 차감하면 연금소득금액은 3,300만 원이 된다. 참고로 연금소득공제는 연 1,400만 원 초과분에 대해 '630만 원 + 초과분의 10%'로 계산되며, 연 900만 원이 공제 한도이다.

여기에 인적공제를 적용하면 과세표준이 정해진다. 부양가족이 1명인 경우 인적공제는 300만 원이므로, 과세표준은 3,000만 원이 된다. 이 과세표준에 대해 소득세율 15%가 적용되며, 누진공제 126만 원을 반영하면 산출세액은 240만 원이 되고, 여기에 지방세 10%를 더하면 총세액은 264만 원이 된다. 표준세액공제 등을 적용하면 실제 부담은 약 5만 원 정도 더 낮아질 수 있다.

반면, 분리과세를 선택하면 개인연금 3,000만 원에 대해 16.5%(지방세 포함)의 세율이 적용돼 세금은 495만 원이 된다. 여기에 국민연금 소득에 대한 세금 18만 6,000원과 그에 대한 지방세 10%까지 더하면 총 세금은 515만 4,600원이 된다.

결과적으로 분리과세 시 세금은 약 515만 원, 종합과세 시 세금은 264만 원으로 차이가 크다. 개인연금 수령액이 연 5,000만 원 이하라면 종합과세 시에도 16.5%(지방세 포함) 수준에서 세금이 부과되며, 연금소득공제와 인적공제 등 다양한 혜택을 적용받을 수 있어 분리과세보다 종합과세가 유리한 경우가 많다.

공적연금소득 연말정산
계산 구조

연금을 더 빨리 키우고 싶다면, ISA 전환 납입을 활용하자

　연금저축이나 IRP 계좌는 1년에 납입할 수 있는 한도가 최대 1,800만 원으로 정해져 있다. 여유 자금이 있어도 이 한도 때문에 더 넣을 수 없는 게 현실이다. 이럴 때 활용할 수 있는 방법이 바로 ISA다. ISA는 가입 후 3년이 지나 만기가 되면, 그 안에 있는 자금을 60일 이내에 연금 계좌로 이전할 수 있다. 이때 이전할 수 있는 곳은 연금저축 계좌나 IRP 계좌 중 선택할 수 있고, ISA 계좌와 연금 계좌의 금융사가 달라도 상관없다.

　무엇보다 이 전환 납입을 활용하면, 기존 연금 계좌 한도와는 별도로 연간 최대 300만 원까지 세액공제를 추가로 받을 수 있다. 즉, 연금저축과 IRP에 각각 납입해서 기본 한도인 900만 원의 세액공제를 받고, 여기에 ISA 만기 자금을 300만 원까지 전환 납입하면 총 1,200만 원까지 세액공제 혜택을 누릴 수 있는 셈이다. 연금을 조금이라도 더 빨리 키우고 싶다면, ISA 만기 시점마다 자금을 연금 계좌로 이전하는 전략을 활용하는 게 좋다. 단순히 세금 혜택만이 아니라, 연금 자산을 체계적으로 불리는 데도 효과적이다.

다만 몇 가지 유의할 점도 있다. ISA에 펀드나 주식처럼 투자 상품이 들어 있다면, 이 자산을 모두 매도해 현금화한 뒤에야 연금 계좌로 이전할 수 있다. 또한, 금융사에 따라 이전 신청 절차나 방식이 조금씩 다를 수 있기 때문에, 이전할 금융사에 미리 문의하고 준비하는 것이 좋다.

ISA는 단순한 절세 계좌를 넘어, 연금 계좌의 한도를 보완해 자신을 더 효율적으로 운용할 수 있는 도구다. ISA 만기를 맞을 때마다 이 전략을 잘 써먹는다면, 누구보다 빠르게 연금 자산을 키울 수 있다.

5장

은퇴자에게 인기 많은, 위험한 상품들

초고배당 커버드콜
ETF의 두 얼굴

1년 동안 배당금만으로 원금을 넘길 수 있다고 알려지며 화제를 모은 초고배당 금융 상품이 있었다. 주가 변동성은 크지만, 적은 은퇴 자금으로도 많은 현금 흐름을 만들려는 은퇴자들은 이 상품을 차곡차곡 사들였다. 미국 자산운용사 일드맥스가 출시한 테슬라 기반의 커버드콜 ETF, 일명 테슬리(TSLY)였다.

일드맥스는 테슬리 외에도 엔비디아 커버드콜(NVDY), 마이크로스트래티지 커버드콜(MSTY), 코인베이스 커버드콜(CONY) 등 인기 주식들을 기반으로 한 다양한 커버드콜 ETF 상품을 내놓으며, 한국 배당 투자자들의 주목을 받았다. 마이크로스트래티지, 엔비디아, 코인베이스, 비트코인 ETF, 테슬라, 팔란티어 등 변동성이 큰 자산을 기초로 삼은 ETF들이었다.

한국예탁결제원 세이브로 자료에 따르면, 서학개미 순매수 상위 30위권 내에 일드맥스의 커버드콜 ETF들이 다수 포진할 만큼 인기가 컸다. 은퇴자뿐만 아니라 안정적으로 투자금을 모으려는 투자자들 역시 일드맥스 ETF를 찾았다. 인기를 끈 가장 큰 이유는 웬만한 주가 하락쯤은 신경 쓰이지 않을 만큼 높은 배당률 때문이었다. 국내 커버드콜 ETF의 연간 배당률이 많아야 10%대에 머무는 반면, 일드맥스의 초고배당 ETF는 연간 배당률이 100%를 넘볼 정도였다. 미국 기술주와 비트코인 가격이 급등할 때는 커버드콜 ETF의 주가도 오르고, 분배금 역시 늘어났다.

고배당의 그늘, 드러난 민낯

그러나 2025년 2월부터 미국 증시의 조정이 시작되면서 초고배당 커버드콜 ETF의 민낯이 드러나기 시작했다. 월 분배금이 줄어드는 데다 주가까지 크게 떨어지는 이중고를 겪은 것이다. 결국 초고배당 커버드콜 ETF의 높은 분배금이 원금을 훼손하면서 지급됐다는 우려가 현실로 나타났다.

4월 25일 기준으로 미국 자산운용사 일드맥스의 코인옵션인컴전략 ETF(CONY)는 지난 1년 동안 66% 하락했다. 같은 기간 기초

코인베이스(COIN)의 1년 주가 흐름

* 2025년 5월 말일 기준

일드맥스의 CONY ETF 1년 주가 흐름

* 2025년 5월 말일 기준

자산인 코인베이스 주가가 9% 떨어진 것과 비교하면, 하락 폭이 훨씬 더 컸다.

지난해 말 주당 1.34달러였던 월 분배금은 최근 0.438달러까지 떨어졌다. 과거 12개월 기준으로는 연간 분배금률이 226%에 달한다고 표시되어 있지만, 이는 착시 효과로 실제 상황과는 큰 차이가 있다. 현재 월 분배금을 기준으로 최근 주가에 대비해 계산하면, 향후 연간 분배금률은 약 64%에 그친다.

과거에는 비트코인이 10만 달러를 돌파하고 코인베이스 주가가 급등하면서 콜옵션 가격도 함께 뛰어, 분배금이 월 2,799달러에 이른 적도 있었다. 그러나 최근 콜옵션 가격이 하락하면서 분배금 역시 급격히 줄어든 것이다.

커버드콜 ETF의 함정, 원금 리스크와 은퇴 설계 불안정성

테슬라 커버드콜 ETF인 TSLY 역시 최근 1년간 주가가 45.68% 떨어졌다. 같은 기간 테슬라의 주가는 60%나 올랐지만, 기초 자산인 테슬라와 이 ETF의 주가는 완전히 다른 방향으로 움직였다.

커버드콜 전략이란, 기초자산을 매수함과 동시에 콜옵션(살 수 있는 권리)을 매도하는 투자법이다. 옵션을 팔면 프리미엄 수익을 얻게 되어 기초 자산 가격이 하락할 때 일정 부분 손실을 방어할 수 있다. 그러나 반대로 자산 가격이 예상보다 더 높이 오르면, 이미 옵션을 팔았기 때문에 차익을 얻을 기회를 놓치게 된다.

비트코인과 미국 빅테크 주가 하락 폭이 커지면서 커버드콜 ETF는 더욱 가파르게 추락하기 시작했다. 특히 일드맥스 ETF는 기초 자산의 주가보다 더 크게 떨어졌는데, 이는 기초 자산 가격

테슬라(TSLA)의 1년 주가 흐름

* 2025년 5월 말일 기준

TSLY ETF의 1년 주가 흐름 단위: 달러

* 2025년 5월 말일 기준

이 일부 회복할 때 상승 기회를 놓친 영향이 컸다. 초고배당을 유지하려면 가격이 떨어진 상태에서도 계속 콜옵션을 팔아야 하는 구조인데, 그럴수록 주가가 상승할 때 회복할 수 있는 길에서 멀어질 수밖에 없다.

은퇴자 입장에선 당장 큰 배당금을 받을 수 있어도, 시간이 지날수록 원금이 녹아내리고 회복도 쉽지 않은 일드맥스 ETF는 멀리하는 편이 낫다. 일드맥스 ETF는 국내 커버드콜 ETF와 달리 배당금 예측이 전혀 어렵다는 문제도 있다. 지금 받는 배당금이 한 달 후에는 두 배로 뛰거나 절반으로 깎일 수도 있다. 은퇴 자금으로 현금 흐름을 설계할 때는 매달 일정한 수입이 나와야 생활비도 안정적으로 조달하고 금융종합소득세도 피할 수 있다. 해외 주식 기반이라 절세계좌에도 담을 수 없는 일드맥스 ETF로 은퇴 준비를 했다가 갑자기 배당금이 늘어나면, 금융종합소득세 기준인 연간 2,000만 원(건강보험 피부양자 자격 유지 시 연간 1,000만 원)을 맞추기 위해 보유 주식을 갑자기 매도해야 하는 상황이 벌어질 수 있다. 이렇게 자금 계획이 꼬일 수도 있는 데다, 국내 일반 커버드콜 ETF보다 원금 손실 위험이 훨씬 큰 일드맥스 ETF는 은퇴자나 배당투자자가 꾸준히 모으기에는 위험 부담이 크다.

테슬라 일드맥스 커버드콜(TSLY)을 연금 계좌에 넣을 수 있도록 한국에서 출시한 KODEX 테슬라커버드콜채권혼합액티브 역시 채권 혼합형이지만 불안하기는 마찬가지다. 2024년 2월 월배당금이 주당 132원이었던 것이 2025년 2월에는 112원으로 줄었다. 4월 말 기준 주가가 연초 대비 약 8% 떨어진 점을 고려하면, 고배당만 보고 투자하기에는 좀 더 신중할 필요가 있다.

브라질 채권,
고금리 유혹과 환율 함정

　브라질 국채는 이자소득에 대한 세금이 면제되는 장점이 있어 개인 투자자들 사이에서 인기가 높다. 투자 방식은 브라질 현지 화폐인 헤알화 또는 미 달러로 가능하다. 달러로 투자하면 헤알화 가치 변동 리스크를 피할 수 있지만, 수익률이 상대적으로 낮은 편이다. 현재 만기가 약 3년 남은 달러 표시 브라질 국채의 세전 환산 금리는 약 4.5%인데, 만기가 4년 남은 헤알화 국채 이표채 금리가 13%대인 점을 생각하면 낮은 수준이다.

　2025년 4월을 기준으로 브라질 국채 수익률은 대부분 13%대에서 형성되어 있으며, 표면 금리는 10% 수준이다. 브라질 채권은 신용등급이 BB 등급으로 고위험군임에도 미국 채권 대비 수익

브라질 헤알화 환율 1년 추이

률이 약 2배 높아 투자자들의 관심을 끌고 있다. 신흥국 채권 중 브라질 채권이 특히 인기 있는 이유는 브라질과 한국 간의 조세협약에 따라 이자소득에 세금이 붙지 않기 때문이다. 투자 규모가 커서 이자 수익이 많아져도 금융소득종합과세나 건강보험 피부양자 자격 상실 등을 걱정하지 않아도 된다. 특히 헤알화가 안정적인 흐름을 보일 때면 브라질 채권 투자는 더욱 인기를 끈다.

다만, 채권 금리가 높다고 해도 헤알화 가치가 하락하면 환차손을 피할 수 없다. 여기에 채권 표면 금액의 약 1%가량인 매매 수수료와 환전 수수료까지 고려하면, 실제 손실 폭은 더 커질 수 있다.

헤알화는 변동 폭이 상당히 큰 화폐다. 2022년 11월에는 1 헤알화 당 280원까지 올랐다가 두 달 후 240원대로 떨어졌다. 다시 2023년 하반기에는 260원대로 올랐다가, 2024년 말 230원대까지 하락했다. 2025년 4월 다시 250원대까지 회복하면서 브라질 신규 채권 수요가 몰리고 있다.

헤알화의 가치를 끌어올리는 요소는 금리 인상, 원자재 가격 상승, 달러 약세, 정치적 안정 등이다. 반대로 달러 강세가 나타나 거나 원자재 가격이 하락하면 헤알화 가치는 떨어지며, 브라질 채권의 높은 이자수익을 환차손이 상쇄해 버리는 상황을 겪을 수 있다. 또한 브라질 국채의 수익률이 앞으로도 계속 상승하는 추세를 보인다면, 만기까지 보유하지 않고 중간에 매도했을 때의 손실 규모는 더 커질 가능성이 높다.

브라질 채권은 비과세, 높은 이자라는 장점이 있지만 환율 때문에 손실 가능성을 열어 둬야 하는 금융상품이다. 오히려 뉴스에서 브라질 정치 및 경제 상황에 대한 부정적인 뉴스, 헤알화 약세에 관한 뉴스가 많이 나오면 환율이 어느 정도 바닥을 친 것으로 보고 매수할 만하다.

ELS 만기상환, 세금 폭탄으로 돌아온다

과거 홍콩 H지수를 기초 자산으로 한 주가연계증권ELS은 높은 수익률로 큰 인기를 끌었다. 하지만 2023년 들어 H지수가 크게 하락하자, 오히려 '빠질 만큼 빠졌다'라는 판단에 따라 다시 투자자들이 몰리기 시작했다.

ELS는 특정 주식이나 주가지수의 가격에 따라 수익이 결정되는 파생결합증권이다. 기초 자산이 일정 기간 미리 정한 범위 내에 머무르면 약속된 수익률을 지급한다.

상품 구조마다 차이가 있지만, 지수를 기초로 하는 상품은 연 6~10%대, 개별 종목을 기초로 하는 상품은 연 10% 이상의 수익률이 나오기도 한다. 투자자들은 주식에 비해 원금 손실 위험이 적고, 빠르면 6개월에서 1년 정도로 짧게 투자해 고수익을 올릴 수 있다고 생각해 ELS를 선호했다. 실제로 주가가 6개월 내 5~10% 이상 하락하지 않으면 약속한 수익과 원금을 지급하는 구조다. 보통 ELS는 3개의 지수를 기초 자산으로 구성해, 6개월마다 일정 수준 이상이면 조기 상환이 가능한 형태다. 처음 6개월째 조기 상환이 실패하면 12개월, 18개월로 계속 시점이 밀리게 된다.

ELS의 구조에 따라 조금씩 다르지만, 일반적으로 조기 상환은 가입 시점 주가의 80~90% 이상이어야 가능하고, 만기 상환은 투자 기간 동안 녹인knock-in에 걸리지 않으면 45~50%만 넘어도 원금 손실 없이 약속된 수익을 받을 수 있다. 보통 만기는 3년이다.

만기까지 버티면 괜찮을까? 생각보다 자주 발생하는 손실

ELS는 은퇴자에게 특히 위험한 두 가지 요소가 있다. 첫 번째는 원금 손실 가능성이고, 두 번째는 조기 상환에 실패하고 만기인 3년이 되어 한꺼번에 이자를 받게 될 경우다. 우선 주가가 크게 하락하면 ELS는 하락 폭만큼 원금을 그대로 잃게 된다. 녹인 배리어는 통상 처음 주가의 40~50% 선에서 설정되는데, 주가가 이 아래로 내려가면 원금 손실이 발생한다. 투자자들은 주가가 반토막까지 날 가능성을 낮게 보지만, 2024년 홍콩 H지수 ELS에서 발생한 손실 규모가 3,000억 원 정도였다. 바꿔 말하면, 홍콩 지수가 그렇게까지 떨어질 것으로 예상하지 않고 투자한 규모가 최소 6,000억 원 이상이었다는 이야기다. 실제로 ELS는 기초 자산이 3년 만기가 될 때까지 회복하지 못해 원금 손실이 나는 사례가 생각보다 자주 발생하므로 주의해야 한다.

조기 상환 실패 시 찾아오는 세금과 건보료 리스크

녹인에 걸리지 않더라도 주가 하락이 길어져 3년 만기 상환 시점이 돼서야 한꺼번에 원금과 이자를 받는 경우도 많다. 대표적인 ELS 구조는 '95-90-85-80-75-70(녹인 50)'과 같은 스텝다운 유형이다. 이는 가입 후 6개월째 기초 자산 가격이 가입 시점의 95% 이상이면 조기 상환되고, 실패하면 다시 6개월 후 90%, 그다음에는 85%로 점점 조기 상환 기준이 낮아지는 구조다. 결국 3년이 될 때까지 조기 상환 조건을 못 맞추더라도 녹인 배리어 이상이면 원금과 약정한 수익률을 지급받게 된다.

문제는 만기 상환 시 3년 치 이자를 한꺼번에 받아 금융소득종합과세나 건강보험료 부담이 갑자기 커질 수 있다는 점이다. 예를 들어 연 수익률 10%인 상품에 3,300만 원을 투자하면 3년 뒤 한꺼번에 받는 이자가 1,000만 원 가까이 되어 즉시 건강보험 지역 가입자로 전환될 수 있다.

조기 상환에 실패한 ELS가 만기 상환될 경우, 금융소득이 단번에 1,000만 원을 넘길 가능성도 있다. 따라서 ELS 투자 시 녹인이나 연 수익률만 보지 말고, 가능한 조기 상환 확률이 높은 상품을 선택하는 것이 중요하다. 만약 보유 중인 ELS가 다음 해에 만기 상환될 가능성이 높다면, 다른 투자 상품이나 예·적금에서 금융소득이 과도하게 늘어나지 않도록 자산 배분을 미리 조정할 필요가 있다.

리츠, 고배당 뒤에 숨은 유상증자 리스크

리츠는 공모를 통해 투자자들에게 자금을 모아 부동산이나 부동산 관련 유가증권에 투자한 뒤, 여기서 나온 운용 수익의 90% 이상을 배당으로 돌려주는 부동산 간접 투자 상품이다. 일반적으로 상장 리츠 주가가 5천 원~1만 원대로, 커피 한 잔 가격으로 건물에 투자할 수 있다는 콘셉트 때문에 저금리 시기에 인기를 끌었다.

그러나 저금리 때는 적은 비용으로도 쉽게 레버리지를 활용해 자산을 늘릴 수 있어 수익성이 높았던 반면, 2022년부터 금리 인상 기조가 시작되면서 리츠 주가는 큰 폭으로 하락했다. 2023년부터 금리 인하 기대감이 생기며 주가가 회복되는 추세였지만, 지난해부터 상당수 리츠가 신규 자산 매입이나 차입금 상환 등을 목적으로 유상증자를 진행하면서 주가가 된서리를 맞았다. 보통 유상증자 때 신주는 현재 주가보다 낮은 가격에 발행하기 때문에 주가에는 악영향을 준다. 리츠의 경우 자산 확대를 위해 유상증자를 반복하는 경우가 많아, 리츠 투자자는 항상 유상증자 가능성을 염두에 둘 필요가 있다.

유상증자에 흔들리는 리츠 투자 심리

실제로 2024년 유상증자를 결정한 리츠가 10여 곳 가까이 된다. 신한알파리츠는 GS서초타워와 씨티스퀘어 자산 편입을 목적으로 2,000억 원 규모의 유상증자를 결정했다. 이는 IPO 이후 다섯번째 유상증자로, 증자 비율은 약 36%에 달했다. 롯데리츠는 롯데그룹 스폰서 리츠로, 최대 주주인 롯데쇼핑의 L호텔 자산 편입을 위해 1,639억 원 규모의 유상증자를 결정했다. 한화리츠는 장교동 한화빌딩 매입을 목적으로 국내 상장 리츠 역사상 최대 규모인 4,730억 원의 유상증자를 발표했다. 기존 주식 수가 7,060만 주인데 신주 발행이 1억 900만 주에 달할 정도였다.

리츠는 아니지만, 리츠와 비슷한 국내 부동산 간접 투자 상품인 맥쿼리인프라도 여러 차례 유상증자를 반복했다. 2024년 8월에는 하남 데이터센터 매입을 위해 5,000억 원 규모 유상증자를 발표했는데, 이는 발행 주식 수 대비 9.9%에 해당하는 수준이었다.

물론 리츠의 유상증자가 우량 자산을 추가로 편입해 주당 배당금을 높이는 효과를 낼 수도 있다. 그러나 유상증자 발표로 인해 주가가 급락하는 모습을 보면 마음이 편할 수 없다. 노후 재테크는 무엇보다 심리적으로 안정적이어야 하는데, 원금이 갑자기 줄어들 수 있는 리츠가 그런 상품이 되기 어렵다. 특히 국내 리츠 상당수가 스폰서 리츠(그룹 계열사 자산을 매입한 리츠)여서, 유상증자가 대기업의 부동산 자산 유동화를 위한 수단일 수도 있다. 자산 매입가가 실제 가치보다 과도하게 높지는 않은지 의구심이 들기도 한다.

다만 2024년 하반기 유상증자에 대한 비판과 후폭풍을 경험한 탓에, 리츠 업계에선 최근 과감한 유상증자 대신 회사채 발행으로 자금을 조달하려는 움직임이 나타나고 있다. 또한 현재 리츠의 배당률은 주가 하락으로 인해 상대적으로 높아져, 국내 일반 상장사보다 높은 약 7%대 배당률을 기록하고 있다. 배당을 목적으로 리츠에 투자한다면, 개별 리츠보다는 리츠 ETF가 상대적으로 안전하다. 개별 리츠의 유상증자 리스크를 분산시킬 수 있기 때문이다.

배당률과 세제 혜택, ETF로 분산하라

대표적인 리츠 ETF는 순자산 규모가 큰 KODEX 한국부동산

리츠인프라와 TIGER 리츠부동산인프라가 있다. 연간 배당률은 KODEX 한국부동산리츠인프라가 약 9%, TIGER 리츠부동산인프라는 약 7% 수준이다. 유상증자로 주가가 급락했던 지난해 말까지 포함해도, 최근 1년간(4월 30일 기준) 주가는 오히려 1~3% 상승했으니, 고점에서만 진입하지 않는다면 비교적 안정적으로 배당 수익을 거둘 수 있는 셈이다. 두 ETF 모두 맥쿼리인프라, SK리츠, ESR켄달스퀘어리츠 비중이 높은 편이다.

리츠 투자는 세금 혜택도 있다. 공모 리츠에 3년 이상 투자하면, 배당소득에 대해 투자액 5,000만 원 한도 내에서 9.9% 분리과세를 적용받을 수 있다. 리츠 ETF도 대상이지만, 세제 혜택이 나오기 전 출시된 TIGER 리츠부동산인프라는 해당되지 않는다. 세제 혜택을 받으려면 판매사인 증권사에 분리과세 신청을 해야 한다.

주요 리츠 및 인프라 ETF 비교표

항목	KODEX 한국부동산 리츠인프라	TIGER 리츠부동산 인프라	맥쿼리인프라	SK리츠	ESR켄달 스퀘어리츠
순자산 규모	약 2,805억 원	약 6,221억 원	약 5조 5,000억 원	약 6,000억 원	약 1조 2,000억 원
연간 배당수익률	약 7.11%	약 8.0%	약 6.0%	약 6.5%	약 7.0%
3개월 주가 상승률	약 1.5%	약 2.0%	약 1.0%	약 1.2%	약 1.8%
6개월 주가 상승률	약 3.0%	약 3.5%	약 2.5%	약 2.8%	약 3.2%
1년 주가 상승률	약 5.0%	약 6.0%	약 4.0%	약 4.5%	약 5.5%
배당 주기	월 배당	월 배당	반기 배당	분기 배당	분기 배당
세제 혜택	분리과세 가능	분리과세 불가	분리과세 가능	분리과세 가능	분리과세 가능
주요 편입 자산	맥쿼리인프라, SK리츠 등	맥쿼리인프라, ESR켄달스퀘어리츠 등	국내 인프라 자산	국내 부동산 자산	물류센터 등

* 2025년 5월 말일 기준

공모주 투자,
더 이상 '따블 신화'는 없다

　상장을 앞둔 기업에 청약해 상장 후 매도하는 공모주 투자는 한때 비교적 안정적으로 수익을 얻는 재테크 방법이었다. 공모가 밑으로 주가가 떨어지는 종목은 거의 없었고, 주가가 2~3배 뛰는 이른바 '따블', '따따블' 종목도 흔히 볼 수 있었다. 몇 년 전 상장했던 LG에너지솔루션이나 SK바이오팜 같은 공모주들은 투자자들에게 큰 수익을 안겨줬다.

　그러나 지금은 공모주 투자를 더 이상 안정적인 투자 수단이라 하기 어렵다. 공모가 자체가 과도하게 부풀려지면서 상장 첫날부터 공모가 아래로 떨어지거나, 이후 계속 하락세를 이어가는 종목이 흔히 나타나고 있다.

공모 가격 하회건 수 및 비중

단위: 건(%)

구분		2020년(70사)	2021년(89사)	2022년(70사)	2023년(82사)	2024년(77사)
상장일		14(20.0)	15(16.9)	24(34.3)	13(15.9)	24(31.1)
	유가	1(20.0)	4(26.7)	2(50.0)	2(40.0)	1(14.3)
	코스닥	13(20.0)	22(14.7)	22(33.3)	11(14.3)	23(32.8)
연말		14(20.0)	28(31.5)	45(64.3)	35(42.7)	56(72.7)
	유가	1(20.0)	4(26.7)	3(75.0)	2(40.0)	3(42.8)
	코스닥	13(20.0)	24(32.0)	42(63.6)	33(42.9)	53(68.8)

* 괄호 안은 시장별(유가·코스닥) 상장 기업 수 대비 공모 가격 하회건 수 비중임

금융감독원 자료에 따르면, 2024년 상장 당일 공모가보다 낮은 가격으로 거래를 마친 기업이 총 77개 새내기 주 가운데 24개에 달했다. 보통 일반 주식은 오르내림을 반복하며 버티다 보면 언젠가는 오르는 경우도 있지만, 공모주 투자는 이런 기다림마저 쉽게 배신당하기 마련이다. 상장 후 시간이 흐르면서 신주 프리미엄이 사라지면 주가는 더 내려가기 때문이다. 기관 투자자들의 보호예수 물량이 통상 6개월 후 시장에 풀리면 대량 매도가 이어져 주가가 더 큰 폭으로 떨어지는 사례도 흔하다.

작년에도 총 77개 상장 기업 중 56개 기업의 주가가 연말 기준 공모가를 밑돌았다. 공모가 대비 시초가 수익률은 평균 65%였는데, 시초가에 팔았다 해도 평균 35% 손해를 봤다는 뜻이다.

이제는 '치킨값'도 조심해야 한다

2025년에도 상황은 비슷하다. 대형주로 기대를 모았던 LG CNS가 상장했지만, 상장 후 석 달이 지난 5월 말까지 단 한 번도 공모가를 회복하지 못했다. 오히려 상장 한 달 뒤에는 공모가 대비 75% 수준까지 주가가 하락해 투자자들의 속을 태웠다.

2025년 2분기 들어 상장한 중·소형주들 중에선 상장 당일 주가가 급등하는 경우도 있었으나, 신규 상장주의 주가 흐름은 펀더멘털과 관계없이 움직이다 보니 거액의 돈을 투자해 청약에 나서기에는 위험 부담이 크다.

예전처럼 큰돈이 아니어도 '치킨값 정도는 벌겠지'라는 마음으로 마이너스통장까지 동원해 공모주 투자에 나서는 시대는 지났다. 과거에는 기관 투자자 수요 예측 경쟁률이나 일반 투자자 청약 경쟁률만 봐도 상장 당일의 주가 흐름을 어느 정도 예상할 수 있었지만, 최근에는 기관 경쟁률이 높아도 공모가를 하회하는 사례가 생겨나고 있다.

그럼에도 공모주 투자를 하고 싶다면, 손실을 볼 가능성을 염두에 두고 최소한의 금액으로 균등 배정 물량만 받는 편이 낫다. 균등 배정은 최소 청약 주수(10주)를 신청한 투자자 모두에게 일반 청약 물량의 50% 이상을 균등하게 나눠 주는 방식이다. 이 경우 경쟁률이 낮아 배정을 많이 받더라도 최대 10주 정도에 불과하므로 손실도 제한적이다. 반면 마이너스통장 등을 동원해 많은 주식을 배정받을 경우, 공모가 이하로 주가가 떨어지면 손실 규모는 그만큼 더 커질 수밖에 없다.

주식만큼 위험할 수 있는 장기채

　주식과 채권을 적절히 나눠 투자하는 자산 배분은 기본 원칙처럼 여겨진다. 하지만 채권이라고 해서 모두 '안전한 자산'은 아니다. 특히 만기가 긴 장기채는 얘기가 다르다. 더구나 해외 채권이라면 환율까지 움직이는 탓에 가격 변동 폭은 훨씬 커진다. 일반적으로 장기채 ETF는 분배금, 즉 배당금 수준이 높다. 만기가 길수록 자금을 오래 묶어두는 만큼 투자자에게 더 많은 이자를 지급해야 하기 때문이다. 하지만 그만큼 금리 변화에 민감하게 반응해 가격이 크게 요동친다.

　그래서 은퇴자에게 배당수익률이 높다는 이유로 미국 10년물, 30년물 국채 ETF를 추천하는 경우가 종종 있다. 하지만 이는 주식만큼이나 가격 변동성이 큰 자산을 포트폴리오에 담으라는 말과 다르지 않다.

    실제 사례를 보자. KODEX 미국국채액티브(H) ETF의 경우, 2025년 5월 기준 최근 3개월 수익률이 -8%였다. 연간 배당수익률이 4.6%라고 해도, 안정성을 기대하고 투자한 이들에게는 꽤 충격적인 결과다.

    특히 장기채는 금리 하락이 전제되지 않으면 가격이 오르기 어렵다. 그런데 미국 정부의 감세 정책이 지속되면서 재정 적자가 좀처럼 줄어들지 않는 상황이라면, 장기채 금리는 쉽게 떨어지기 힘들다. 결국 은퇴 자산으로서 장기채를 들고 있는 것은, 주식보다 더 나쁜 선택이 될 수도 있다.

    은퇴 자산에 채권을 포함시키고 싶다면, 중단기 국내 채권형 펀드를 고려하는 것이 더 낫다. 환율의 영향을 받지 않고, 금리 변화에도 상대적으로 덜 흔들린다. 실제로 연 5~6%대 수익률을 기대할 수 있는 상품들도 있다. ETF가 아닌 펀드를 선택하는 것도 좋은 방법이다. 거래 수수료나 매매 호가차이(스프레드)에서 오는 손실을 줄일 수 있기 때문이다.

6장

배당의 빈틈을 메워라, 금·달러·성장주

세금은 없고,
가격은 오르는 금 투자

현금 흐름이 나오는 자산은 아니지만, 노후에 일정 부분 자금을 투자해야 한다면 금이 적당하다. 금은 안전자산이면서 인플레이션을 방어할 수 있는 수단이기 때문이다. 국제 금 가격은 작년 5월 초 온스당 2,300달러에서 1년 만에 3,200달러로 40% 상승했다.

주식시장이 출렁일때 금 가격은 오르거나 최소한 안정적인 추세를 보였다. 과거 금융위기, 지정학적 위기, 경기 침체 등 불확실성이 커지면 투자자들은 위험자산에서 자금을 빼 금과 같은 안전자산으로 옮겼다. 코로나 팬데믹 시기나 2025년 관세발 글로벌 급락장에서도 금 가격은 상승했다.

물론 안전자산 중에서 현금이 가장 우선일 것이다. 그러나 물

금 시세 1년 추이   단위: 달러/트로이온스

가가 상승하는 국면에서는 금이 현금보다 우위에 있다. 물가가 오르는다는 것은 현금의 가치가 떨어진다는 뜻인데, 이때 같이 오르는 금은 가치 저장 수단이 된다. 특히 역사적으로 물가가 오르면서 경기가 침체되는 스태그플레이션 상황에서도 금값이 상승할 수 있다는 점이 향후 금 가격을 방어하는 요소다. 1980년대 스태그플레이션 때에도 금 가격이 급등한 역사적 사례가 있다.

금 투자, 어떤 방식이 가장 효율적인가?

금에 투자하는 방식은 크게 실물에 투자하는 방법과 금융 상품에 투자하는 방법으로 나뉜다.

대표적인 금 현물 투자 방식은 KRX금시장을 통하는 것이다.

금 투자 방법

방식	세금	현물 인출	달러 가치
KRX금시장	양도세 없음	가능	연동
국내 상장 금 ETF	배당소득세	불가	환헤지형 있음
해외 상장 금 ETF	양도소득세	불가	연동

KRX금시장은 금을 주식처럼 거래할 수 있는 국내 유일의 장내 금 현물 매매시장으로 다른 금 거래소와는 구별된다.

정부가 2014년 금 거래 양성화 계획에 따라 설립한 국내 유일의 제도권 금 현물 시장으로, 1g 단위 소액 거래와 절세라는 장점이 있다. 금 펀드는 매매 차익에 대해 15.4%의 배당소득세를 부과하지만, KRX금시장에서는 금 매매 시 배당 및 이자소득세가 없다. 또한, 공공기관인 한국조폐공사가 인증하고 증권사를 통해 국제 가격과 가장 근접한 가격으로 주식처럼 쉽게 매매할 수 있는 것도 장점이다. 금 ETF와 달리 실제 금 현물에 투자하는 것이고, 별도의 보유 수수료가 없어서 장기 투자에 유리하다.

KRX 금시장은 개별 주식처럼 쉽게 거래할 수 있다. 증권사 계좌가 있다면 HTS나 MTS을 통해 금을 주식처럼 매수·매도할 수 있으며, 이때는 거래 수수료가 발생한다. 투자한 금을 실물로 인출하고 싶을 경우에도 증권사를 통해 가능하지만, 이 경우 10%의 부가가치세가 부과된다.

ETF를 통해서도 금에 간편하게 투자할 수 있다. 국내에 상장된 대표적인 금 ETF로는 'ACE KRX금현물'과 'KODEX 골드선물(H)' 등이 있으며, 금 가격이 오를 경우 그에 따른 수익이 배당소득세로 과세된다는 점은 유의해야 한다.

해외 상장 금 ETF인 'SPDR Gold Shares ETF(GLD)'는 달러로 투자하기 때문에 달러화 가치에 연동될 수밖에 없지만, 국내 상장 금 ETF인 KODEX 골드선물(H)은 환헤지 상품이라 환율 변화와 관계없이 금 가격 변동만 반영한다.

해외 상장 금 ETF는 해외 주식과 동일하게 양도소득세율 22.2%로 과세되기 때문에 거액을 투자하는 자산가라면 단일 세율을 적용받는 해외 상장 금 ETF가 유리하다. 또한, 금값이 하락하면 달러화 가치가 오르는 경향이 있어 ETF 주가가 떨어지는 시기에도 손실을 줄일 수 있다는 장점이 있다. 금값 하락 시 미국 ETF를 원화로 환전할 경우 환차익이 생기기 때문에 수익률 방어가 가능하다.

금 실물을 담은 펀드뿐만 아니라 채광 기업을 기초 자산으로 하는 펀드들도 있다. IBK골드마이닝펀드는 글로벌 금 채광 기업 등을 주로 담고 있어 금값 상승과 기업 실적 상승의 효과를 동시에 볼 수 있다. HANARO 글로벌금채굴기업 ETF는 2025년 4월 말 기준 연간 수익률이 45%에 달할 정도로 주가 상승 폭이 컸다.

다만 금이 무조건 안전자산이라는 믿음으로 몰빵 투자하는 것은 위험하다. 금값이 높은 상승률을 보였던 1970년대 고인플레 시대나 2010년 글로벌 금융위기 이후에는 고점 대비 30~60%가량 급격히 하락한 사례가 있기 때문이다. 따라서 포트폴리오의 일정 부분만 분할 매수하는 것이 바람직하다.

흔들리는 증시,
믿을 건 달러와 엔화

은퇴자 또는 은퇴 예정자에게 가장 큰 고민 중 하나는 시장의 불확실성이다. 정기적인 수입이 끊긴 시점에서 자산 가치가 출렁이기라도 하면, 단기간의 손실도 심리적으로 큰 타격이 되기 때문이다. 이럴 때일수록 포트폴리오에 '흔들리지 않는 자산'을 담아두는 것이 중요하다. 주식이나 부동산처럼 경기 영향을 많이 받는 자산이 아닌, 위기 상황에서 상대적으로 강세를 보이는 외국 통화 자산은 오랜 시간 '금융시장의 피난처' 역할을 해왔다. 특히 하락장에서 이들의 가치는 오히려 상승하는 경향이 있어, 불안정한 시기일수록 더 주목받고 있다.

하락장에 강한 외화 자산, 달러화 투자법 총정리

먼저, 내외부 악재로 주식시장이 하락하면 일반적으로 환율은 오르게 된다. 주로 코스피 하락이 외국인 자금 유출과 함께 나타나는데, 이때 원·달러 환율이 상승하는 현상을 자주 볼 수 있다. 따라서 하락장에서 가치가 상승하는 달러화를 보유하는 것은 안정적인 포트폴리오를 구성하는 데 도움이 된다.

달러화 투자는 여러 가지 방법이 있다. 가장 일반적인 방법은 달러 예금이다. 미국 달러를 입금하고 보관하는 외화 예금 상품으로, 은행에서 쉽게 가입할 수 있다. 외화 금리가 원화보다 높은 편이며, 이자소득세로 과세된다. 다만, 외화 예금은 ISA 계좌에 넣을 수 없어 절세 혜택을 기대하기는 어렵다.

ETF를 이용하면 더욱 간편하게 투자할 수 있다. 달러화 선물을 담은 ETF를 매수하는 방식으로, 달러화 가치가 내려가는 시점을 포착해 투자하기 편리하다. 다만, 매매 차익(달러화 가치 상승분)에 대해서는 배당소득세로 과세되기 때문에 세금 부담이 커질 수 있다. 또한 파생상품인 외화 선물을 담고 있어 퇴직연금 계좌에 편입할 수 없으며, 달러 선물에 투자하다 보니 부수적인 비용도 발생한다. 현재 KODEX 미국달러선물의 경우 연간 실 부담 비용률이 약 0.39% 정도다.

달러화 환율 상승에 베팅하고 싶다면, 오히려 SOFR 금리를 제

원·달러 환율 1년 추이

공하는 달러 ETF에 투자하는 것이 유리할 수 있다. SOFR 금리는 Secured Overnight Financing Rate의 약자로, 담보부 익일물 금리를 의미한다. 미국의 대표적인 기준금리 중 하나로, 달러 예금 이자율의 기준이 되기도 한다. 4월 말 기준 SOFR 금리는 약 4.4%로, 제1금융권의 예금 금리보다 거의 두 배가량 높다.

SOFR 금리에 투자하는 ETF는 일정 기간 돈이 묶이는 외화예금과 달리, 단기 자금 운용이나 현금 대기 전략(파킹형)에 더 적합하다. 관련 상품으로는 KODEX 미국달러SOFR금리액티브, TIGER 미국달러SOFR금리액티브, ACE 미국달러SOFR금리, RISE 미국달러SOFR금리액티브 등이 있다.

트럼프 행정부 시절처럼 향후 미국이 달러 약세를 유도할 가능성도 있어, 단기적으로 환율 상승 폭은 제한될 수 있다. 이럴 때 SOFR 금리 ETF를 활용해 연 4%대 금리를 확보할 수 있다면, 달러 투자에 대한 부담도 줄일 수 있다.

달러보다 더 오른 엔화, 지금 투자해도 될까?

엔화는 올해 들어 달러화보다 훨씬 큰 상승 폭을 보였다. 이는 미국이 기준금리 인하를 작년부터 시작했지만, 일본은 기준금리를 인상할 것으로 전망되기 때문이다. 일본은행은 2025년 1월, 기준금리를 0.25%에서 0.5%로 인상해 정책 금리는 17년 만에 최고치를 기록했다. 이는 일본 내 인플레이션 상승과 임금 증가에 대응하기 위한 조치였다. 반면, 미국 연방준비제도는 경기 둔화와 무역 불확실성 등을 이유로 지속적인 금리 인하를 예고한 바 있다. 일반적으로 금리가 오르면 화폐 가치도 함께 상승한다.

오랫동안 마이너스 금리를 유지했던 일본 중앙은행이 금리를 인상하기 시작하면서, 2024년 7월 100엔당 850원대까지 떨어졌던 엔화는 2025년 4월 들어 1,000원대를 돌파했다. 미국의 경기 침체 가능성과 달러화 약세 전망이 겹치며, 엔화는 안전자산으로서의 매력이 더욱 부각되고 있다.

다만 엔화는 통화 가치 상승에 베팅하는 ETF는 있지만, 달러화처럼 외화 예금이나 SOFR ETF를 통해 높은 이자까지 받을 수 있는 상품은 없다. 현재 일본의 기준금리가 0.5%에 불과하기 때

원/엔 환율 1년 추이 단위: 원/100엔

문이다.

　엔화에 투자할 수 있는 ETF로는 TIGER 일본엔선물이 있으며, 조금이라도 이자를 더 받고 싶다면 PLUS 일본엔화초단기국채 ETF가 있다. 이는 일본 재무성이 발행한 3개월 이내의 초단기 국채에 투자하는 환노출형 ETF로, 엔화의 절상 효과를 기대하면서 동시에 일본 금리 상승 흐름에 따라 채권 이자 수익 확대도 노릴 수 있는 상품이다. 채권형 ETF로 분류돼 세제 혜택이 있는 모든 계좌에서 투자할 수 있고, 만기가 짧은 국채에 투자하기 때문에 장기 채권형 상품에 비해 가격 변동 위험도 적다.

외화 투자는 노후 생활의 보험이다

 최근 유행하는 방식은 '엔화로 미국 지수에 투자하는 전략'이다. 이는 미국 지수에 투자하되 달러화가 아닌 엔화에 노출되는 방식으로, 달러화는 이미 상당히 오른 상태라 추가 상승 여력이 크지 않다고 보는 반면, 엔화는 더 상승할 여지가 있다고 판단하는 투자자에게 적합하다. 미국 증시나 국채 가격의 상승을 기대하면서도 달러화 가치는 하락할 것 같다고 생각하는 투자자에게 유용한 구조다.

 이러한 구조의 ETF로는 미국 장기채에 투자하는 ACE 미국30년국채엔화노출액티브(H), RISE 미국30년국채엔화노출(합성 H)가 있으며, 미국 S&P500 지수에 투자하는 SOL 미국S&P500엔화노출(H), RISE 미국S&P500엔화노출(합성 H) 등이 있다. 다만, 미국 장기채나 주가지수 자체는 변동성이 크기 때문에 단순히 엔화 가치 상승만을 기대하고 투자하기에는 리스크가 존재한다.

 달러화나 엔화 투자는 경제적 목적 외에도 노후의 여가 생활 측면에서도 필요하다. 해외여행을 계획할 경우 어느 국가를 가든 일정 부분 달러화가 필요하고, 패키지여행에서는 대부분의 옵션 비용을 달러화로 지불해야 한다. 일본은 시간이나 경제적 부담을 크게 들이지 않고도 갈 수 있는 가까운 여행지인 만큼, 미리 엔화를 준비해 두면 환율 상승 시에도 부담을 줄일 수 있다.

배당 안정성에
성장 잠재력 한 스푼

성장주는 매출과 이익이 빠르게 늘어나는 기업의 주식을 말한다. 주로 기술주나 제약·바이오주가 이에 해당된다. 이런 기업들은 수익을 재투자해 사업을 확장하는 데 집중하기 때문에 배당이나 자사주 매입 등 주주 환원 여력이 상대적으로 부족하다.

배당주 투자자들은 성장주에 대해 신중한 태도를 보이기 쉽다. 배당주는 확실한 현금 흐름이 보장되지만, 성장주는 밸류에이션이 높고 상승장에선 크게 오르더라도 하락장에서는 급락할 수 있기 때문이다.

하지만 노후 자산 포트폴리오에도 일정 비중의 성장주는 필요하다. 배당주는 안정적인 수익을 제공하지만 주가 상승 여력은 제한적이어서, 상승장에서 소외될 가능성이 있다. 은퇴 전에는 성장주를 활용해 자산을 키워야 하고, 은퇴 후에도 소규모 비중으로 성장주를 보유해야 기술 혁신의 과실을 함께 누릴 수 있다.

AI, 지금 가장 강력한 성장 테마

지금 성장주의 중심에는 AI가 있다. AI는 글로벌 시가총액 상위 기업들이 이끌고 있어 접근이 쉽고, 가장 강력한 성장 잠재력을 가진 분야이기도 하다. 2025년 글로벌 AI 시장 규모는 약 7,575억 달러로 추정되며, 2034년까지 약 3조 6,800억 달러로 성장할 전망이다. 이는 연평균 성장률$_{CAGR}$ 19%에 해당한다. ETF를 통한 투자 관점에서 AI 밸류체인은 크게 세 분야로 나뉜다.

AI 하드웨어: 반도체 중심으로, 엔비디아, 브로드컴, TSMC, SK하이닉스 등이 대표적이다. ETF 상품으로는 ACE AI반도체포커스, ACE 글로벌AI맞춤형반도체, KODEX AI반도체, TIGER 미국필라델피아AI반도체나스닥 등이 있다.

AI 소프트웨어: AI 기술을 서비스에 접목해 생산성과 효율성을 높이는 기업들이다. 대표 종목으로는 팔란티어, 마이크로소프트, 서비스나우 등이 있고, KODEX 미국AI소프트웨어TOP10, SOL 미국AI소프트웨어 ETF로 투자할 수 있다.

AI 전력 인프라: 생성형 AI의 확산은 전 세계 데이터센터의 전력 수요를 급증시키고 있다. 이에 따라 전력 생산과 송전 관련 기업에 대한 관심도 커지고 있다. SOL 미국AI전력인프라, KODEX 미국AI전력핵심인프라, TIGER 글로벌AI전력인프라액티브 등이 관련 ETF다.

성장주 ETF 투자, 어디까지 분산할 것인가?

그 외 최대한의 분산 효과를 고려한다면, 성장주에 투자하는 가장 간편한 방법은 나스닥100 ETF다. 나스닥100은 시가총액 상위 100위권 기업을 자동으로 편입하기 때문에 성장성이 크고 규모가 커진 기업을 자연스럽게 따라가게 된다. 개별 산업이나 기업의 리스크에 흔들리지 않고, 글로벌 추우량 성장주 100여 곳에 분산 투자할 수 있는 구조다. 국내 자산운용사들도 나스닥100에 투자하는 ETF 상품을 다양하게 내놓고 있으며, 운용 보수가 0.006%대로 매우 저렴한 상품도 있다.

2025년 들어 나스닥 지수가 큰 폭으로 하락하긴 했지만, 그동안의 압도적인 상승 흐름을 모두 되돌리진 못했다. 5월 1일 기준, 나스닥은 연초 대비 8.3% 하락했지만, 최근 1년 상승률은 9.6%, 3년 상승률은 41%에 달한다. 같은 기간 배당주 중심의 다우존스

지수는 1년간 5.4%, 3년간 23% 오른 것과 비교하면 상승률 차이는 거의 두 배다.

성장주 투자에서 주의해야 할 점은 유행을 타는 테마형 ETF에 과도한 자금을 넣는 것이다. 전기차, 양자컴퓨터, 휴머노이드 로봇 등 새로운 테마 ETF들이 쏟아지고 있지만, 대부분은 시장 초기 단계의 중소형 성장주에 집중되어 있어 주가 변동성이 클 수밖에 없다. 단기간 급등한 후 과열이 식으면 조정이 나타날 수 있으므로, 이 점을 항상 유념하고 투자해야 한다.

개인투자용 국채
완전 정리

개인투자용 국채는 매입 자격을 개인으로 한정해 발행하는 '저축성' 국채다. 증권사 HTS나 MTS에서 바로 매수할 수 있는 일반 국고채와 다른 점은 분리과세라는 세제 혜택이 주어진다는 것이다. 절세 계좌인 ISA에 담지 않아도 2억 원까지의 매입 금액에 대해선 분리과세가 가능하다. 그렇기 때문에 많은 이자소득으로 금융소득종합과세를 고민하는 투자자에게 알맞은 상품이다.

개인투자용 국채는 2024년 6월에 첫 발행되었으며, 전용 계좌를 통해서만 투자할 수 있다. 이 전용 계좌는 미래에셋증권을 통해서만 개설할 수 있다. 일반 국고채와 달리 매월 정해진 시기에만 청약할 수 있다.

개인투자용 국채 만기보유 vs 중도해지 비교표

구분	만기 상환	중도 환매
내용	만기까지 보유	월간 한도 내에서 중도 환매 신청 가능 (발행 1년 후)
이자/과세	표면금리 + 가산금리로 1년 복리 계산 (분리과세 적용)	표면금리로 1년 단리 계산 (분리과세 혜택 없음)
지급일	만기 상환일 ※ 금융기관 휴무일(토요일)일 경우 직전 영업일, 법정 공휴일인 경우 직후 영업일 지급	환매일 ▶ 매월 20일 ※ 발행 후 1년 동안 무조건 환매 불가

    개인투자용 국채는 만기에 따라 '5년물', '10년물', '20년물'로 구분된다. 최소 10만 원부터 연간 2억 원까지 청약할 수 있으며, 매입 후 1년이 지나면 언제든지 중도 환매가 가능하다.

    만기까지 국채를 보유할 경우 표면금리에 가산금리를 더해 연 복리로 계산된 이자를 만기일에 일괄 지급한다. 이는 반기마다 쿠폰 이자를 지급하는 일반 채권과 다른 방식이다. 2025년 4월 발행된 개인투자용 국채의 세전 기준 만기 보유 시 적용 금리는 5년물 16.08%(연 3.21%), 10년물 36.73%(연 3.67%), 20년물 87.68%(연 4.38%)다.

    연 복리 방식이기 때문에 투자 기간이 길수록 이자 수익이 커진다. 발행 시 가산 금리 수준에 따라 만기 수익률과 연평균 수익률은 더 높아질 수 있다.

    개인투자용 국채는 매입액 총 2억 원까지 이자소득에 대해

14% 분리 과세 혜택이 주어진다. 은퇴를 5~10년 앞둔 직장인에게는 여유 자금을 절세하면서 운용할 수 있는 좋은 선택지다. 명예퇴직이나 희망퇴직으로 거액의 퇴직금을 받았지만 당장 사용할 계획이 없는 이들에게도 고려할 만한 상품이다.

언제든 팔 수 있는 건 아니다, 투자 전 꼭 알아야 할 조건들

투자 시 주의할 점은 일반 채권과 달리 원하는 시점에 자유롭게 매도할 수 없다는 것이다. 세제 혜택까지 고려한다면, 만기까지 보유할 수 있는 여유 자금으로 투자해야 한다. 그동안 20년물 개인투자용 국채가 5년물이나 10년물에 비해 인기가 덜했던 이유도 여기에 있다. 특히 20년물의 경우, 만기 시점인 20년 후 긴깅보험 제도가 어떻게 바뀔지 예측하기 어렵다는 불안감도 영향을 준다.

분리 과세 혜택을 포기한다면 1년 후 매도는 가능하지만, 매입 후 1년 동안은 중도 환매가 전혀 불가하다. 1년이 지난 뒤 중도 환매를 할 경우에도 월별로 한정된 환매 가능 금액이 있고, 선착순으로 접수되기 때문에 언제든 환매할 수 있는 것은 아니다. 또한 이 경우에는 표면금리가 단리로 적용되며, 분리과세도 적용되지 않는다.

또한 개인투자용 국채는 담보 대출에 활용할 수 없기 때문에 중간에 목돈이 필요할 가능성이 있는 투자자라면 신중하게 접근해야 한다.

개인투자용 국채는 만기 수령 방식으로 연금형 또는 일시금 형태를 선택할 수 있다. 예를 들어, 20년물 개인투자용 국채를 매달 100만 원씩 20년간 꾸준히 매수할 경우, 20년 뒤에는 매달 세전 약 187만 원의 만기 원리금을 20년 동안 연금처럼 수령하는 구조가 된다.

배당 비과세 사라져도, 해외 ETF는 담아야 하는 이유

 2025년 2월, '선 환급, 후 원천징수' 방식으로 운영되던 펀드 외국납부세액 공제 제도가 개편되면서, 연금 계좌와 ISA 계좌에서 해외 펀드 배당금에 대해 누리던 절세 혜택이 사라지게 됐다. 그동안은 해외 펀드나 ETF에서 받은 배당금이 비과세였지만, 이제는 15.4%의 배당소득세를 내야 한다.

 특히 연금 계좌에서 미국 고배당 ETF를 운용 중인 투자자들에게는 이중 과세에 대한 불만이 컸다. 연금으로 수령할 때 3.3~5.5%의 연금소득세를 내는 데다, 이제는 배당소득세까지 내야 하기 때문이다.

 이 제도 변경 이후, 일부 투자자들은 대응 전략으로 배당이 거의 없는 미국 나스닥100 ETF 같은 성장주 중심

ETF로 옮기거나, 여전히 배당소득 비과세가 유지되는 국내 고배당 ETF, 또는 분배금이 비과세인 커버드콜 ETF 등으로 갈아타기도 했다.

이처럼 성장주나 한국 고배당 ETF는 절세 계좌(연금 계좌·ISA)에 담기 좋은 자산이다. 그러나 배당소득세가 생겼다는 이유만으로 미국 고배당주 ETF를 선택지에서 완전히 배제하는 것은 아쉬운 일이다. 미국 고배당주 ETF는 연간 배당률이 3~4% 수준으로, 사실 '고배당'이라기보다는 '중배당'에 가깝다. 하지만 배당수익뿐만 아니라 주가 상승이나 향후 배당 성장 가능성까지 감안하면, 포트폴리오의 일부로 보유할 충분한 가치가 있다.

무엇보다 중요한 점은 절세 계좌에 해외 ETF를 담아야 하는 이유가 배당 비과세에만 있는 것이 아니라는 점이다. 연 10% 안팎에 이를 수 있는 주가 상승분에 대해 과세가 없다는 점이 훨씬 더 중요한 절세 포인트다.

따라서 '비과세 혜택이 사라졌으니 이제 SCHD 같은 ETF는 제외해야겠다'라는 식으로 판단하기보다는, 장기적으로 세금을 얼마나 아낄 수 있을지를 먼저 따져야 한다. 지금 내게 필요한 것이 현금 흐름인지, 아니면 자산의 성장을 통한 복리 효과인지 판단한 뒤, 그에 따라 배당주와 성장주 ETF를 균형 있게 배치하는 것이 바람직하다.

7장

퇴직금 운용 방법과 국민연금 활용법

퇴직급여 일시금으로 받을까, 연금으로 받을까?

　대다수 직장인에게 퇴직연금은 국민연금만큼이나 중요한 노후 보장 수단이다. 일단 퇴직연금은 1년 중 1개월치를 적립해 놓기 때문에(약 8.3%) 보험요율이 9%인 국민연금과 비슷하다. 적립하는 금액은 비슷하지만, 고소득자가 아닌 이상 퇴직연금이 국민연금만큼 강력한 노후 보장 수단이 되지 못하는 이유는 중간 정산과 일시금 수령으로 인해 은퇴 후 꼬박꼬박 들어오는 돈이 적을 수 있기 때문이다. 또한 운용 수익률도 국민연금보다 낮은 경우가 대부분이다. 다만 퇴직연금은 65세는 되어야 받을 수 있는 국민연금과 달리 55세만 되면 수령할 수 있기 때문에, 퇴직연금을 잘 활용하는 것이 이른 은퇴의 질을 좌우한다.

퇴직연금은 근로기준법상 퇴직 시 1년에 대해 30일분의 평균 임금을 지급하던 퇴직금을, 이제는 회사가 외부 금융기관에 적립해 일시금 또는 연금으로 받을 수 있게 한 제도다. 회사가 사내에 쌓아 두었다가 퇴직 시 일시금으로 지급할 경우 퇴직금을 제대로 적립하지 않아 지급이 어려워지는 문제를 보완하기 위해 만들어졌다.

DB형(확정 급여형)은 회사가 운용하며, 퇴직 시 정해진 퇴직급여를 지급하는 방식이다. 반면, DC형(확정 기여형)은 회사가 매년 정해진 금액만 적립하면 근로자가 스스로 운용하는 방식이다. 운용 수익에 따라 퇴직금 액수가 달라질 수 있다. 여기에 IRP(개인형 퇴직연금)도 있다. IRP는 개인이 별도로 납입해 세제 혜택을 받는 '개인형 IRP'와 퇴직금을 수령하는 '퇴직형 IRP'로 나뉜다. 개인형 IRP는 중도 인출이 불가능하고, 담보 대출도 안 된다.

퇴직형 IRP는 퇴직급여를 연금으로 받을 수 있는 계좌로, 퇴직금이라고 할 수 있다. 55세 전에 퇴직하는 근로자가 법정 퇴직급여를 수령할 경우 IRP를 통해 받게 되어 있다. 다만 퇴직금 담보대출을 상환해야 하거나 퇴직급여가 300만 원에 미치지 못하는 경우에는 일시금으로 현금 수령이 가능하다. 55세 이후에 퇴직하는 경우에는 퇴직급여를 일시금으로 받거나 연금 계좌(연금저축, IRP)로 이체받을 수 있다.

일시금과 연금, 절세 효과는 얼마나 다를까?

퇴직을 앞둔 사람이라면 퇴직급여를 일시금으로 받을지 연금으로 받을지 고민하게 된다. 일시금으로 받으면 절세 효과를 기대하기 어렵다. 하지만 퇴직연금은 55세부터 받을 수 있기 때문에 그전에 목돈이 필요한 사람은 일시금을 선택하는 경우가 많다. 실제로 2022년 기준 일시금 수령 비율이 92%에 이를 정도로, 대부분의 근로자가 퇴직 시 목돈을 한 번에 받는 방식을 선호한다.

그러나 노후 생활을 여유롭게 보내고 싶다면 수령하는 편이 유리하다. 연금 수령 방식은 두 가지 절세 효과를 기대할 수 있다. 첫째는 퇴직소득세 절감 효과, 둘째는 비과세 계좌인 IRP의 활용이다. 퇴직급여를 일시금으로 받으면 퇴직소득세를 먼저 내고 남은 금액만 손에 쥐게 된다. 반면 퇴직급여를 연금 계좌로 이체하면 퇴직소득세가 즉시 부과되지 않는다. 이렇게 세금이 부과되지 않은 채 계좌로 옮겨진 금액을 '이연 퇴직소득'이라고 부른다. 이연 퇴직소득에 대한 세금은 연금 계좌에서 돈을 인출할 때 비로소 부과된다.

55세 이후 연금 형태로 받을 경우 퇴직소득세는 연금 수령 연차가 10년 차까지는 30%, 11년 차부터는 40% 감면된다. 보통 1억 원에 대한 퇴직소득세는 근속 연수 20년 기준으로 약 110만 원 정도다. 하지만 이를 연금으로 전환해 연간 1,200만 원 정도씩 인

연금 수령 시 과세

연금 수령 개시 연령	확정기간형(상속 기간)		종신형	
	한도 내 금액	한도 초과액	한도 내 금액	한도 초과액
만 70세 미만	5.50%	16.50%	4.40%	16.50%
만 70세 ~ 만 80세 미만	4.40%		4.40%	
만 80세 이상	3.30%		3.30%	

출하면 퇴직소득세는 연간 약 9만 4,000원 수준이다. 8년간 나누어 수령할 경우 총 세금은 약 75만 원으로 줄어든다. 물론 한꺼번에 1억 원을 받을 기회를 포기하고 75만 원 정도의 세금을 절약하기 위해 8년간 연금으로 나눠 받기를 선택하는 사람은 많지 않다. 목돈의 유혹은 당장 눈앞에 있고, 절세 혜택은 장기간에 걸쳐 천천히 나타나기 때문이다.

그럼에도 IRP와 같은 비과세 계좌를 통해 운용 수익을 키울 수 있기 때문에 연금 수령이 장기적인 노후 안정성에 더 효과적이다. 퇴직연금제도를 도입한 회사는 퇴직금을 IRP 계좌로 지급한다. 따라서 IRP를 어떻게 활용하는가에 따라 은퇴 후 여유가 달라진다. 개인연금 계좌처럼 IRP에서도 이자나 배당소득에 곧바로 세금이 부과되지 않고, 인출할 때만 과세된다. 특히 55세 이후 연금 형태로 인출하면 낮은 연금소득세율(3.3~5.5%)이 적용되어 복리 효과를 누리면서 세율까지 낮추는 일거양득의 효과를 기대할 수 있다.

IRP 중도 인출과 과세 기준, 꼭 알아야 할 점

IRP나 DB형 퇴직연금은 중도 인출이나 부분 인출이 모두 불가능하다. 퇴직급여를 일부만 일시금으로 받고 나머지는 연금으로 전환하는 방식도 허용되지 않는다. 다만 IRP는 퇴직급여를 받은 후 계좌를 해지하여 전액을 한 번에 인출하는 것은 가능하지만, 일부만 떼어서 받는 부분 인출은 안 된다.

퇴직연금 계좌에서 중도 인출이 가능한 경우는 특별한 사유가 있을 때뿐인데, 세금 면에서는 불리할 수 있으니 주의해야 한다. 중도 인출이 가능한 사유는 다음과 같다. 무주택자가 본인 명의로 주택을 구입하거나 전세보증금을 내는 경우, 장기 요양을 위한 의료비 지출, 개인회생이나 파산 선고, 천재지변, 가입자의 사망 또는 해외 이주 등이 해당한다.

이는 같은 연금 계좌라 하더라도 개인연금저축과는 다른 점이다. 개인연금저축은 중도 인출이 비교적 자유롭다. 세액공제를 받은 금액을 인출할 때는 부득이한 사유가 아니라면 기타소득세(16.5%)를 내야 한다. 세액공제를 받지 않은 원금은 세금 부담 없이 원하는 때에 원하는 금액만큼 인출할 수 있다.

퇴직연금 계좌의 적립금을 중도 인출할 때는 인출 사유에 따라 세금 종류와 세율이 달라지므로 잘 확인해야 한다. 장기 요양 의료비, 개인 회생 또는 파산 선고, 천재지변, 가입자의 사망이나 해외 이주 같은 사유로 중도 인출하는 경우는 연금소득으로 간주되어 과세되므로 상대적으로 세율이 낮다. 개인 IRP에서 연말정산 혜택을 받은 원금이나 운용 수익을 연금 형태로 인출하면 3.3~5.5%의 세율이 적용된다. 퇴직급여를 인출할 경우 퇴직소득 세율의 70% 수준으로 과세된다.

반면, 주택 관련 사유로 한꺼번에 중도 해지하여 수령하면 기타소득세 16.5%가 부과된다. 예를 들어, 무주택자가 본인 명의의 주택을 구입하거나 주거 목적으로 전세보증금을 마련하는 경우, 코로나19 같은 사회적 재난을 이유로 IRP의 원금과 운용 수익을 중도 인출하면 기타소득으로 분류되어 16.5% 세율로 과세된다. 퇴직급여를 인출할 때는 원래의 퇴직소득세율이 그대로 적용된다.

개인연금에서 연간 수령액이 1,500만 원을 넘으면 16.5% 기타소득세나 종합소득세를 내야 해서 퇴직연금도 세금을 많이 내는 것이 아니냐는 지적이 있다. 하지만 결론부터 말하자면, 퇴직급여를 연금 계좌로 옮긴 후 연금 형태로 수령하면 이 금액은 연간 1,500만 원 과세 기준에서 제외된다. 퇴직금을 많이 받아 연간 1,500만 원을 훌쩍 넘더라도 연금으로 수령하면 퇴직소득세를 30% 할인받을 수 있다.

IRP 계좌에는 세액공제를 받지 않은 개인 부담 원금(단순 저축), 회사로부터 받은 퇴직급여, 세액공제를 받은 개인 부담 원금(연말정산용), 운용 수익 등이 포함된다. 이 중에서 연간 1,500만 원 과세 기준에 포함되는 항목은 세액공제를 받은 납입액과 그로 인해 발생한 수익이다. 세제 혜택을 받지 않은 원금과 퇴직급여 이체액은 연간 1,500만 원 한도와는 관련이 없다.

퇴직연금 계좌
운용 방법

똑같이 연말정산 세액공제 대상이라 하더라도, 연금저축 계좌와 IRP 계좌는 성격이 다르다. IRP는 오히려 퇴직연금 확정기여(DC)형과 비슷하며, 근로자의 노후 생활 안정을 위해 여러 가지 제한이 존재한다. 이러한 제한 사항을 정확히 이해해야 본인이 원하는 방향으로 투자를 설계할 수 있다.

우선 IRP와 DC형 퇴직연금은 위험자산(주식)을 계좌 내 최대 70%까지만 편입할 수 있다. 반면 연금저축 계좌는 개별 주식 종목이나 ELS 같은 파생상품만 아니라면, 주식형 펀드나 ETF로 100% 채우는 것도 가능하다. 하지만 IRP나 DC형 퇴직연금 계좌에서는 전체 자산의 최소 30% 이상을 안전자산으로 운용해야 한다. 여기서 안전자산이란 예금 같은 원금 보장형 상품, 채권 또는 위험 자산 비중이 50% 이하인 채권혼합형 펀드를 말한다. 만약 수익률을 높이기 위해 위험을 감수하고자 한다면, 이러한 제한이 제약으로 느껴질 수 있다.

안전자산 30%의 요건을 지키면서도 주식투자 비율을 최대한 높이고 싶다면, ETF나 TDF를 활용하는 것이 좋은 전략이 될 수 있다. 퇴직연금 계좌에서 안전 자산을 편입하면서도 수익률을 끌어올리고 싶은 투자자에게는 채권혼합형 펀드와 TDF 두 가지가 대표적인 선택지다.

TDF를 활용해 주식 비중 더 늘려 투자하기

TDF ETF는 대부분 ETF를 기반으로 한 EMP 전략을 사용해 효율적으로 운용되며, 매일 포트폴리오를 확인할 수 있다는 장점이 있다. ETF 투자자라면 퇴직연금 계좌 내 주식 비중을 최대로 높이기 위해 2050년 이후 빈티지로 주식 비중이 60% 이상인 TDF를 선택하면 된다.

여기서 TDF의 빈티지란 투자자가 은퇴할 것으로 예상하는 시기, 즉 목표 연도를 의미한다. TDF의 빈티지가 2030년부터 2045년인 경우 주식 비중은 대략 50~72% 수준이다. 채권 비중은 평균적으로 2030 빈티지가 약 42%, 2045 빈티지는 약 21% 수준이며, 2050년 이상 빈티지부터는 주식과 채권 비중의 차이가 거의 없어 주식 비중이 높게 유지된다.

TDF를 활용해 퇴직연금 계좌에서 주식 비중을 높이는 대표적 방법은 주식투자 비중이 높은 2045, 2050 빈티지를 활용하는 것이다. TDF는 안전자산으로 분류되기 때문이다. 예를 들어 TIGER TDF2045 ETF는 자산을 S&P500과 국내 단기국채로만 구성해 미국 주식 비중이 약 79%에 달한다. 따라서 퇴직연금 계좌의 70%를 주식형 ETF로 구성하고, TIGER TDF2045 ETF를 30% 정도 편입하면 연금 자산의 최대 94%까지 주식으로 운용하는 효과를 낼 수 있다. 각 TDF ETF의 특징은 다음과 같다.

ACE TDF2050액티브: 미국 중심의 주식 구성에 금 비중이 16%로 상대적으로 높다.

PLUS TDF2050액티브: 신흥국 주식과 채권 비중이 높아 신흥국 자산 중심의 투자를 선호하는 투자자에게 적합하다.

RISE TDF2050액티브: 미국, 중국, 유럽 등 지역별로 적극적인 주식 배분을 하며, 대체투자 자산 비중 또한 높다.

KIWOOM TDF2050액티브: 다른 같은 빈티지 ETF에 비해 주식과 현금 비중이 높은 편이다.

채권혼합형 ETF 선택 시 주의할 점

채권혼합형 ETF는 지수와 채권을 함께 담은 ETF를 활용하면 된다. 채권혼합형 ETF는 계좌 내에서 100%까지 투자할 수 있어 기존 해외 주식형 ETF와 함께 운용하면 미국 성장주의 비중을 더 늘릴 수 있다. 다만 채권혼합형을 선택할 때 주의해야 할 점이 있다. 표면상 채권혼합형이지만 실제로는 주식보다 더 위험한 자산이 포함된 경우가 있다. 예를 들어 특정 주식 단일 종목을 포함한 채권혼합형은 해당 종목의 변동성을 30%가량 그대로 반영하는 셈이다.

또한, 채권이라고 무조건 안전한 것은 아니다. 어떤 형태의 채권인지에 따라 오히려 주식보다 변동성이 클 수도 있다. 국내 단기채는 금리 변동에 따른 영향이 작고 환율 리스크가 없는 반면, 장기채는 금리 변화에 따라 가격 변동 폭이 크고, 미국 국채에 투자하면 환율 변동성까지 리스크로 추가된다. 특히 금리가 오르는 시기에는 성장주와 장기채가 동시에 하락해 손실이 더 커질 수 있다. 따라서 채권을 통해 안정성을 추구한다면, 채권혼합형 ETF가 국내 단기채를 편입했는지를 꼭 확인해야 한다.

예를 들어 TIMEFOLIO 미국나스닥100채권혼합50액티브 ETF는 미국 테크주(최대 50%)와 국내 단기채(최소 50%)로 구성된다. 이를 활용하면 주식형 ETF를 70% 편입하고 채권혼합형 ETF(주식 비중

50%)를 30% 편입했을 때, 실제 주식 비중을 최대 85%까지 끌어올릴 수 있다. 2023년 말 규제 완화로 채권혼합형 ETF의 주식 비중이 기존 40%에서 50%로 확대됐지만, 아직 실제로 50% 비중을 채운 ETF는 많지 않다. 주식 비중을 최대한 높이고 싶은 투자자에게는 좋은 선택지가 될 수 있다.

다만, 단일 종목을 담은 채권혼합형 ETF는 주가 변동 폭이 클 수 있다는 점을 염두에 둬야 한다. ACE엔비디아채권혼합블룸버그 ETF는 지난 4월 4일 기준으로 3개월 수익률이 -8.4%였다. 이는 전체 자산 중 엔비디아 비중이 약 28%에 달해 엔비디아 주가 급락 영향을 피할 수 없었기 때문이다. 다만 1년 수익률은 11%로, 엔비디아의 상승효과를 누리기도 했다.

이외에도 TIGER테슬라채권혼합Fn, KODEX삼성전자채권혼합 등 개별 종목을 약 30% 담고 나머지를 채권으로 구성한 ETF들도 있다. 이런 상품들은 퇴직연금 계좌에서 개별 종목을 직접 담고 싶은 사람에게 매력적이지만, 그만큼 리스크가 크다는 사실은 분명히 알아둬야 한다.

한편 금선물, 달러선물, 국채선물 등 파생상품을 활용한 ETF는 퇴직연금(IRP, DC형) 계좌에 담을 수 없다. ETF 이름에 '선물'이 들어가 있으면 대부분 퇴직연금 투자 대상에서 제외된다고 보면 된다.

내 연금은
어떻게 받을까?

　IRP 가입자가 선택할 수 있는 연금 수령 방식은 크게 다섯 가지다. 일정 금액을 계속 받는 '정액식', 일정 기간 나눠 받는 '기간 분할식', 법정 한도 내에서 자금을 출금하는 '한도 분할식'이 대표적이다. 그 외에 원하는 때 원하는 금액을 출금하는 '비정기 인출', 사망할 때까지 받는 '종신형 연금'도 있다.

　모든 금융회사가 이 다섯 가지 방식을 전부 제공하는 것은 아니므로 자신이 원하는 수령 방식이 가능한지 반드시 확인해야 한다. 예를 들어 종신형 연금은 주로 일부 생명보험사에서만 제공하며, 비정기 인출 방식도 일부 증권사만 제공하고 있다. 금융사마다 연금 수령 주기도 다르기 때문에 원하는 방식이 없다면 '퇴직연금 현

퇴직연금 수령 방식

수령 방식	지급 기준	장점	단점
정액식	일정 금액	안정적 생활 가능	수령 기간 예측 어려움
기간 분할식	정해진 기간	계획적 소비 가능	기간 종료 시 수입 끊김
한도 분할식	일부 금액	유연한 자금 운용 가능	자산 관리 복잡
종신형 연금	평생 지급	장수 리스크 해소	조기 사망 시 손해 가능
비정기인출	없음	유연한 자금 인출	무계획적 자금 인출 가능성

물 이전'을 통해 금융사를 변경하는 방법도 고려할 만하다.

당신에게 딱 맞는 연금 수령 전략은?

정액식은 매달 받는 금액이 고정되어 있고, 투자 수익에 따라 수령 기간이 달라지는 방식이다. 예를 들어, 매달 100만 원씩 받기로 했다면 자금이 모두 소진될 때까지 매달 100만 원이 지급된다. 생활비가 일정하게 필요할 때 안정적인 계획을 세울 수 있지만, 운용 수익이 낮으면 예상보다 수령 기간이 짧아질 수 있다.

기간 분할식은 수령 기간을 정해놓고 투자 수익에 따라 매년 받는 금액이 달라지는 방식이다. 예를 들어 퇴직금 1억 원을 10년간 나눠 받으면 연간 1,000만 원씩 지급받는 구조다. 은퇴 초기에 자금을 집중적으로 사용하고 싶거나 국민연금이 충분한 사람이라면 65세 전까지 퇴직연금을 모두 소진하는 전략에 적합하다.

한도 분할식은 매년 정해지는 연금 수령 한도 내에서만 받는 방식이다. 전체 자금 중 일부는 연금으로 받고 나머지는 다른 방식으로 운용하거나 일시금으로 받을 수 있어 자금 운용이 유연하다. 예를 들어 퇴직금 1억 원 중 6,000만 원은 연금으로 받고 나머지 4,000만 원은 따로 활용하는 식이다.

비정기 인출은 원하는 시점에 필요한 만큼 자유롭게 인출할 수 있는 방식이다. 자금이 탄력적으로 필요한 사람에게 적합하다.

종신형 연금은 평생 동안 연금을 받을 수 있어 장수할 경우 안정적이지만, 일찍 사망하면 총 수령액이 줄어드는 단점이 있다.

퇴직연금, 나중에 몰아서 받더라도 55세부터 1만 원씩 인출하자

정년퇴직 후 재취업 등을 이유로 IRP 퇴직연금 수령을 미루는 경우가 있다. 하지만 퇴직소득세 감면을 위한 '연금 수령 연차'는 실제로 연금을 받아야만 쌓인다. 55세부터 자동으로 연차가 누적되는 개인연금과 달리, 퇴직연금은 인출 기록이 있어야 연금 수령 연차가 쌓여 수령 한도가 늘어나고 퇴직소득세 감면 혜택도 받을 수 있다.

연금 수령 연차 1년 차의 경우, 실제 연금 계좌 평가 금액의 12%까지만 연금으로 인출할 수 있고, 이를 초과하면 퇴직소득세 감면이 어렵다. 따라서 필요하지 않더라도 매년 최소한 1만 원이라도 인출하는 것이 좋다. 연간 1만 원 이상을 10년간 인출하면 연금 수령 한도 제한이 사실상 사라지기 때문에, 이후에는 퇴직금에 해당하는 이연 퇴직소득 전부를 한꺼번에 인출하더라도 퇴직소득세 감면을 받을 수 있다.

'어떻게 빼느냐'가 노후를 바꾼다

퇴직연금에서 인출할 때, 가입자가 매도 순서를 따로 지정해두지 않았다면 잔고에 비례해 일률적으로 매도되거나, 금융회사가 미리 정한 순서에 따라 자동으로 매도된다. 다만 금융회사마다 매도 순서나 방식에 차이가 있을 수 있으므로, 미리 확인하는 것이 좋다. 일반적으로는 현금성 자산, 원리금 보장 상품, 디폴트 옵션 상품(초저위험), 원리금 비보장 상품 순으로 매도된다.

가입자가 매도 순서를 지정하지 않은 경우, 금융회사는 우선 현금성 자산부터 연금으로 지급한다. 현금성 자산이 없으면 원리금 보장 상품을 매도해 연금을 지급하게 된다. 원리금 보장 상품이 여러 개 있는 경우에는 보통 금리가 낮은 상품부터 순차적으로 매도하는 방식이다. 이때 투자 금액이나 만기는 고려되지 않기 때문에, 불이익을 피하려면 사전에 매도 순서를 직접 지정하는 것이 바람직하다. 원리금 비보장인 펀드 같은 실적 배당형 상품도 위험도에 따라 매도 순서가 정해지는 경우가 많다. 다만 펀드나 ETF의 경우, 가입자가 직접 매도해야 한다는 점도 알아야 한다.

한편, 법정 퇴직급여 외에도 명예퇴직금이나 희망퇴직금처럼 '법정 외 퇴직급여'를 받는 근로자들도 있다. 명예퇴직금은 법정 퇴직급여가 아니기 때문에, 퇴직 당시 나이와 관계없이 IRP로의 이체 의무는 없다. 퇴직자의 선택에 따라 일시금으로 현금을 수령하거나, 연금 계좌로 이체하는 것이 가능하다. 예를 들어 법정 퇴직금은 연금 계좌로, 명예퇴직금은 일반 계좌로 일시금 수령하는 식으로 나눌 수도 있다.

명예퇴직이나 희망퇴직을 일찍 했더라도, 55세까지 연금 계좌에서 운용 수익을 만들고 싶다면 해당 금액을 연금 계좌로 이체하면 된다. 그게 아니라면 일반 계좌로 수령하면 된다. 다만, 퇴직급여를 수령한 날로부터 60일 이내에 연금 계좌로 이체를 완료해야 한다는 점은 반드시 유의해야 한다. 퇴직급여를 일시금으로 수령할 경우 퇴직소득세가 원천징수되는데, 이 금액을 연금 계좌로 다시 이체하면 원천징수된 퇴직소득세를 해당 연금 계좌로 돌려받을 수 있다.

알아서 굴러간다, 자동투자 디폴트옵션

　디폴트옵션(사전지정운용제도)은 가입자가 퇴직연금 운용 지시를 하지 않아도 사전에 정해진 방법으로 금융회사가 자동 운용하는 제도다. 개인형 퇴직연금IRP과 퇴직연금 중 확정기여형에 적용된다.

　2024년 4분기 디폴트옵션 공시 결과, 디폴트옵션 적립금은 40조 원, 지정 가입자는 630만 명을 넘어섰다. 지난해 같은 기간보다 적립금은 219%, 가입자는 32% 증가했다. 디폴트옵션은 퇴직연금 운용에 시간을 내기 어렵거나 투자 결정이 부담스러운 가입자에게 보다 적극적인 자산 운용과 장기 수익률 향상의 기회를 제공한다. 본인의 투자 위험 성향에 맞게 고위험 실적 배당형 상품을 선택하거나 금융시장 상황에 따라 상품을 변경하는 등 적극적

2024년 디폴트옵션 수익률표

위험 등급별	3개월	6개월	1년
초저위험	0.68%	1.52%	3.32%
저위험	1.23%	2.29%	7.20%
중위험	2.51%	3.62%	11.77%
고위험	4.16%	5.18%	16.83%

으로 활용하는 사례도 늘고 있다. 현재 41개 금융기관의 315개 상품이 정부 승인을 받아 선택의 폭이 넓다. 엄격한 승인 제도와 지속적 모니터링으로 퇴직연금 사업자 간 경쟁을 촉진하고, 신규 상품 개발을 유도하는 효과도 있다.

퇴직연금 가입자가 원리금 보장 상품에만 편중되지 않고, 본인의 투자 성향에 맞는 디폴트옵션 상품을 선택할 수 있도록 주요 정보(수익률, 적립금, 운용 수수료 등)를 고용노동부 홈페이지와 금융감독원 통합연금포털에서 분기별로 안내하고 있다. 고용노동부와 금융감독원에 따르면, 중위험 또는 고위험 등급 68개 상품이 최근 1년 수익률 15%를 초과했다. 고위험 상품 중 한국투자증권 디폴트옵션고위험 BF1이 1년 수익률 35.99%로 가장 높았고, 동양생명 디폴트옵션고위험 BF2(26.12%), 삼성생명 디폴트옵션고위험 TDF1(25.73%)이 뒤를 이었다. 중위험 상품에선 한국투자증권 디폴트옵션중위험 포트폴리오2가 20.89%로 1위를 차지했고, 삼성생명 디폴트옵션중위험 BF2(20.08%), 한화생명 디폴트옵션중위험 BF1(20.08%) 순이었다.

초저위험 vs. 고위험, 수익률은 최대 10배 차이

현재 2~3%대의 정기예금 금리를 감안하면 디폴트옵션이 노후 수익을 효과적으로 늘리는 셈이다. 금융상품 선택이 어렵다면 디폴트옵션에서 안정투자형이나 중립투자형을 선택하는 것만으로도 퇴직연금 수익률 향상에 도움이 된다. 2025년 4월부터는 디폴트옵션 상품명이 변경됐다. 초저위험은 '안정형', 저위험은 '안정투자형', 중위험은 '중립투자형', 고위험은 '적극투자형'으로 바뀌었다.

퇴직연금은 장기 복리로 운용되므로, 연 1%포인트의 수익률 차이도 은퇴 시점에는 큰 금액 차이로 이어진다. 그러나 가입자는 여전히 초저위험(489만 명)에 집중되어 있으며, 저위험 31만 명, 중위험 27만 명, 고위험 18만 명 순이다.

일반적으로 퇴직금은 '조금이라도 손실을 보면 안 된다'라는 인식 탓에 원금 보장형에 집중되는 경향이 있지만, 초저위험에서 안정투자형(저위험)으로만 바꿔도 큰 차이를 경험할 수 있다. 2024년 초저위험 유형 수익률은 3.32%였지만 저위험 유형은 7.2%에 달했다. 이는 글로벌 증시 상승효과 때문이다.

물론 증시가 하락하는 시기도 있지만, 퇴직연금은 장기 투자이므로 회복 기간이 충분히 있다. 따라서 무조건적인 원금 보장보다 투자형 상품이 장기적으로 더 유리할 수 있다.

디폴트옵션, 언제 어떻게 자동으로 시작될까?

디폴트옵션 자동 운용 시점은 원리금 보장 상품(정기예금, ELB, RP) 만기 후 6주간 운용 지시가 없거나, 신규 가입 후 2주간 운용 지시가 없는 경우에 시작된다.

운용 절차는 '디폴트옵션 상품 제시 → 회사의 규약 변경 → 디폴트옵션 상품 선택 → 디폴트옵션 자동 매수'의 순으로 이뤄진다. 금융기관이 고용노동부의 승인을 받은 디폴트옵션 상품을 회사에 제시하면, 회사는 그 상품 리스트를 반영해 규약을 개정한다. 이후 가입자는 규약 내의 디폴트옵션 상품 중 하나를 선택하고, 자동 운용 시점에 해당 상품이 자동으로 매수된다.

디폴트옵션 상품 구성은 금융사마다 다르며, 보통 가입자의 위험 회피 성향에 따라 초저위험, 저위험, 중위험, 고위험으로 나뉘고, 각 성향에 맞는 포트폴리오가 제시된다.

어떤 조합이 좋은가? 실제 포트폴리오 분석

디폴트옵션으로 적용할 수 있는 상품에는 TDF, 장기 가치 상승 추구 펀드, MMF, 인프라 펀드 등이 있다. TDF는 은퇴 시점 등 투자 목표에 따라 위험자산 비중을 자동으로 조정하고, 장기 가치 상승 추구 펀드는 분산 투자와 정기적인 자산 배분을 통해 장기 수익을 노린다. MMF는 안전한 단기 금융상품이나 국채 등에 투자하고, 인프라 펀드는 국가 정책에 따라 추진되는 사회기반시설 사업에 투자한다. 정기예금이나 ELB처럼 원금이 보장되는 원리금 보장형 상품도 디폴트옵션에 포함될 수 있다.

중위험·고위험 상품으로는 주로 TDF와 EMP 펀드가 사용되며, TDF는 시간이 지날수록 채권 비중이 높아지도록 설계되어 안정적인 운용이 가능하다. 중위험 포트폴리오에는 2030 빈티지처럼 채권 비율이 높은 TDF가 들어가고, 고위험 포트폴리오에는 2050 빈티지처럼 주식 비율이 높은 TDF가 편입된다.

예를 들어, 한국투자증권의 디폴트옵션 상품 중 안정형 포트폴리오는 연 2%대 정기예금으로만 구성되어 있다. 반면, 안정투자형은 정기예금 비중이 30~40%로 줄어들고, 채권 비중이 높은 TDF가 60~70%를 차지한다. 중립투자형 포트폴리오는 주식 비중이 더 높은 TDF 2035형이나 '한국투자 MySuper 알아서 안정형' 펀드로 구성되며, 적극투자형은 정기예금 없이 TDF 2045형으로

만 운용하거나, 'MySuper 알아서 성장형' 펀드 단독으로 구성된다.

　디폴트옵션 상품 등록은 대부분 모바일 앱을 통해서도 가능하다. DC나 IRP 계좌의 주문 메뉴에는 ETF와 펀드 매수·매도 버튼과 함께 디폴트옵션 사전 설정 기능이 있다. 이 메뉴에서 금융사가 제시한 포트폴리오를 선택하면 된다. 단, DC형 가입자는 해당 기업의 퇴직연금 규약에 등록된 유형만 선택할 수 있다. 법인 측에서 디폴트옵션 상품 등록을 마친 후에야 개인이 선택할 수 있으며, 자신의 투자 성향보다 높은 위험 등급의 유형은 선택할 수 없다. 매수 요건이 충족되면 자동으로 투자가 진행된다.

국민연금
깨지 마세요!

투자에 대한 관심이 높아지면서, 스스로 운용할 수 있는 개인연금이나 퇴직연금을 주요 노후 보장 수단으로 생각하는 사람이 많아졌다. 국민연금은 본인도 모르게 빠져나가는 돈처럼 느껴지고, 지금까지 얼마나 납부했는지, 은퇴 후에 얼마를 받을 수 있을지 가늠이 어렵다 보니 상대적으로 관심이 떨어지기 마련이다. 게다가 기금 고갈과 같은 부정적인 뉴스까지 나오면서, '굳이 계속 부어야 하나?'라는 생각도 들게 된다.

하지만 국민연금은 노후 보장의 중심축이다. 엄밀히 말하면, 개인연금이나 퇴직연금은 국민연금을 보완하는 수단이며, 국민연금을 받을 수 있는 65세까지의 소득 공백기를 메우기 위한 도구로 보는 것이 맞다.

국민연금의 가장 큰 장점은 아무리 오래 살아도 매달 연금이 나온다는 것이다. 개인연금이나 퇴직연금은 축척한 자금을 바탕으로 일정 기간 현금 흐름을 만들지만, 국민연금은 젊었을 때 얼마를 냈든 간에 일정 연령 이후에는 계속해서 연금이 지급된다. 평균 수명이 83세라고 하지만, 100세 시대를 맞아 90세를 훌쩍 넘기는 이들도 많아지고 있다. 장수가 곧 경제적 부담으로 이어지지 않으려면, 국민연금은 반드시 필요하다.

장수 시대, 국민연금이 필요한 진짜 이유

90세까지 산다고 가정하고 개인연금이나 퇴직연금에서 인출 계획을 짠다면, '장수 리스크'로 인해 노후 계획이 흔들릴 수밖에 없다. 2025년 4월 기준, 대한민국의 90세 이상 인구는 약 39만 명에 달하고, 100세 이상 인구도 4,000명을 넘는다. 건강 관리를 잘한 사람이라면 90세 이상 사는 것은 이제 낯설지 않은 일이다. 이럴 때 국민연금은 노후의 든든한 버팀목이 된다.

오래 살 가능성이 '리스크'라면, 국민연금은 그 리스크에 대비할 수 있는 가장 강력한 공적 보험이다. 매달 내는 국민연금 납부액을 '국민연금 보험료'라고 부르는 이유도 여기에 있다. 게다가 국민연금은 물가상승률을 반영해 매년 연금액이 인상된다. 공적연금은 수급자의 실질 구매력을 보전하기 위해 매년 물가상승률만큼 인상률을 반영하는 정책을 시행 중이며, 2025년에도 국민연금 수령액은 2.3% 인상됐다.

배당소득 역시 일정한 성장 가능성은 있지만, 대부분 물가상승률만큼 정확하게 오르지는 않는다. 그럼에도 불구하고 당장 목돈이 필요하거나, 국민연금에 대한 불신, 혹은 '오래 살 것 같지 않다'라는 이유로 국민연금을 일시금으로 받는 사람도 적지 않다. 2023년 4월 기준, 국민연금 일시금 수급자는 23만 명으로 전체 수급자의 3.4%에 해당한다. 이는 가입 기간이 10년 미만인 가입자가 60세에 도달했지만 연금 수급 요건을 충족하지 못해, 그동안 납부한 보험료에 이자를 더해 일시금으로 받는 '반환일시금' 제도를 이용한 경우다.

그러나 국민연금의 가치는 당장 받을 수 있는 돈이 아니라 '연금'에 있다. 연금으로 받기 위해선 10년을 채워야 하며, 연금 액수를 늘리려면 은퇴 후에도 납입을 계속하는 전략이 필요하다.

월 9만 원, 국민연금의 최소 투자 전략

만약 국민연금을 받기까지 아직 몇십 년이 남아 있어 불안하다면, 그리고 지금 당장은 계속 납부하기에 자금 여유가 없다면, 매달 9만 원이라도 내는 것을 추천한다. 소득이 없으면 국민연금 의무가입 대상은 아니지만, 본인이 원하면 임의가입자로 등록해 보험료를 납부하고 연금 수급 자격을 얻을 수 있다. 임의가입은 만 18세 이상 60세 미만의 대한민국 국민이라면 누구나 가능하다.

임의가입자는 소득이 없기 때문에 중위수 기준 소득월액을 기준으로 보험료를 납부한다. 예를 들어 기준 소득월액이 100만 원이라면, 보험료는 월 9만 원(9%)이다. 본인의 경제 상황에 따라 상한과 하한 범위 내에서 금액을 조정할 수도 있다.

물론 더 많은 돈을 납부해 노후를 더 든든하게 준비할 수 있다면 좋다. 하지만 적은 돈으로 가장 큰 효과를 보고 싶다면, 9만 원도 괜찮은 전략이다. 그 이유는 국민연금이 가진 강력한 소득 재분배 기능 때문이다. 국민연금은 사회보험이기 때문에 고소득층이 저소득층을 지원하는 구조로 설계되어 있다. 연금 급여 산식에는 개인 소득뿐만 아니라 전체 가입자의 평균 소득이 함께 반영되며, 이로 인해 저소득층은 자신이 납부한 보험료에 비해 더 많은 연금을 수령할 수 있다.

매달 9만 원씩 10년간 납부하면, 나중에 매달 약 20만 1,950원의 연금을 받을 수 있다. 20년간 납부하면 매달 약 40만 1,410원을 받는다. 단지 10년 동안 총 1,080만 원을 납부했을 뿐인데, 85세까지 살 경우 20년 동안 받는 연금 총액은 4,848만 원, 95세까지 살면 7,272만 원에 이른다.

매달 9만 원이면 50대가 실비보험으로 내는 돈 정도다. 그 돈으로 장수 리스크를 대비하는 가장 좋은 방법은 국민연금에 임의가입해 최소 금액이라도 꾸준히 납부하는 것이다. 물론 사망할 때까지 연금을 지급하는 종신형 개인연금 상품이 민간 보험사에도 있지만, 매달 9만 원을 내고 이만큼 연금을 받을 수 있는 상품은 없다.

국민연금, 조기 수령이 정답일까?

조기 수령 국민연금은 국민연금 가입 기간이 10년 이상이고, 소득이 있는 업무에 종사하지 않는 경우, 본인이 신청하여 지급 개시 연령보다 최대 5년 일찍 받을 수 있는 제도다. 조기노령연금은 정상 지급 개시 연령의 5년 전부터 수령이 가능하다. 그렇기 때문에 지금은 58~60세부터 신청할 수 있다. 국민연금 수령 연령은 1961~1964년생은 만 63세, 1965~1968년생은 64세, 1969년 이후 출생자는 65세인데, 이걸 최대 5년 앞당겨 받을 수 있는 것이다. 국민연금 조기 수급자 수는 계속 늘어나는 추세이며, 2023년 11월 기준으로 조기노령연금 수급자는 약 85만 명에 달한다.

조기 수령을 선호하는 세 가지 이유

첫째, 국민연금을 받을 수 있는 나이보다 빨리 은퇴해 소득 공백을 메워야 하는 경우다. 국민연금은 65세가 되어야 받을 수 있는데, 은퇴는 60세에 한다면 개인연금이나 퇴직연금이 충분하지 않을 경우 국민연금 조기 수령을 선택하기 쉽다. 특히 퇴직금을 주택 담보 대출 상환이나 자녀 결혼 준비 등 목돈 마련에 써야 한다고 생각하다 보니, 매달 꼬박꼬박 나오는 국민연금을 조기 수령해 빨리 받자는 생각이 들기 마련이다.

둘째, 국민연금 기금 소진에 대한 걱정 때문이다. 뉴스에서 국민연금 기금이 빨리 소진되고 있어 연금 개혁 논의가 나온다는 이야기를 들을 때마다, 국민연금을 나중에 제대로 받을 수 있을지, 수령액이 줄어들지 않을지 불안해지기 쉽다.

셋째, 2023년부터 조기 수령이 많이 늘어난 이유는 건강보험 부과 체계 개편 때문이다. 2022년 9월부터 건강보험료 부과 체계가 바뀌면서, 연간 공적연금 수령액이 2,000만 원을 초과하면 건강보험 피부양자 자격을 상실하게 됐다. 과거에는 국민연금 수령액이 연 3,400만 원(월 283만 원)을 넘는 경우가 드물었지만, 이제 기준이 연 2,000만 원(월 166만 원)으로 낮아지면서, 국민연금을 조금만 더 받아도 피부양자 자격을 잃게 되는 상황이 되었다. 특히 건강보험 피부양자에서 탈락하면 소득뿐만 아니라 재산도 건강보험료 산정 대상이 되기 때문에, 일부 고소득자나 자산가들이 연금 수령액을 조절하기 위해 조기 수령을 선택하고 있다.

5년 먼저 vs. 평생 30% 삭감

조기 수령을 선택하면 1년 당길 때마다 연금액이 6%씩 감액된다. 따라서 5년을 앞당기면 최대 30% 감액된 연금액을 평생 받게 된다. 이 때문에 연 2,850만 원의 국민연금을 받는 사람도 5년 조기 수령 시 30%가 줄어들어 2,000만 원 미만으로 내려가게 되고, 이 경우 건강보험 피부양자 조건을 만족할 수 있게 된다.

다만 건강보험료만 고려해 국민연금 조기 수령을 결정하는 전략은 자칫 위험할 수 있다. 먼저 건강보험료 절감 효과가 크지 않

적기 수령 vs. 조기 수령 시 국민연금 수령액 비교

구분	적기 수령(65세 시작)	조기 수령(60세 시작, 30% 감액)
연 수령액	2,500만 원	1,750만 원
60~65세 수령액	없음	8,750만 원 (5년간)
75세 사망 시	총 2억 5,000만 원	총 2억 6,250만 원
85세 사망 시	총 5억 원	총 4억 3,750만 원
95세 사망 시	총 7억 5,000만 원	총 6억 1,250만 원

다면, 조기 수령으로 인한 연금 손실이 더 클 수도 있다.

예를 들어, 65세부터 연 2,500만 원을 수령할 수 있는 사람이 있다고 하자. 75세까지 살 경우 총 수령액은 2억 5,000만 원(2,500만 원 × 10년), 85세까지 살면 5억 원, 95세까지 살면 7억 5,000만 원이 된다.

반면 60세부터 조기 수령하면 연금이 30% 감액되어 연 1,750만 원을 받는다. 60세부터 65세까지 5년간 수령액은 8,750만 원이니 당장은 이득처럼 보일 수 있다. 그러나 오래 살수록 총 수령액은 줄어든다. 75세까지 생존 시 총액은 2억 6,250만 원으로 오히려 조금 더 많지만, 85세까지 살 경우에는 4억 3,750만 원으로 정상 수령보다 크게 줄어든다. 그 이상 장수할 경우, 여기에 유족연금까지 고려하면 조기 수령은 연금 이득을 크게 포기하는 셈이 된다.

조기 수령보다 개인연금 설계가 먼저

게다가 국민연금은 매년 2% 중반대의 물가상승률을 반영해 인상되기 때문에, 지금은 조기 수령으로 감액된 연금액으로 피부양자 조건을 맞춘다 하더라도 시간이 지나면 자동으로 피부양자 자격을 상실할 수 있다. 공적연금 수령 외에도 이자·배당·기타소득 등 건강보험료 산정 대상에 포함되는 여러 소득 요인들이 있어 언제든 피부양자 탈락 사유가 생길 수 있다.

　결국 건강보험 피부양자 등재로 아낄 수 있는 돈이 아주 크지 않다면, 조기 수령은 선택하지 않는 편이 낫다. 은퇴 후 65세까지의 소득 공백이 걱정된다면, 개인연금을 잘 준비해 대응하는 것이 더 안정적이다. 개인연금 수령 방식에서 금액 확정형을 선택해 소득 공백 시기에 맞춰 5년 확정형, 10년 확정형 등을 활용하면 된다.

1년 늦출수록 7.2% 더 받는 연기연금

국민연금으로도 월 300만 원 넘게 받는 사람이 있다. 국민연금은 납부 가능한 소득에 한도가 정해져 있어서 40년을 꼬박 채워도 300만 원 수령은 쉽지 않다. 하지만 연기연금을 활용하면 가능하다. 연금 수령 시기를 1년 미룰 때마다 연금액이 7.2%씩 늘어나기 때문이다. 연기연금은 노령연금 수급자가 원할 경우 지급 시기를 최대 5년까지 미룰 수 있는 제도다. 연기 가능한 최대 기간은 지급 연령에서 5년까지이며, 매달 연기할 때마다 최초 연금액의 0.6%(연 7.2%)가 추가된다. 최대 5년 연기 시 총 36%까지 늘어날 수 있다. 다만 연기해서 늘어난 연금액은 유족연금 산정에 반영되지 않는다.

국민연금 연기 지급은 개인연금이나 퇴직연금과 결합하면 더 효과적이다. 개인연금이나 퇴직연금을 먼저 66~70세까지 받도록 설계한 뒤, 소진 이후 국민연금을 개시하면 된다. 이렇게 하면 개인연금을 다 사용한 이후에도 국민연금이 많아 안정적인 노후가 가능해진다. 연기 신청을 했다가 상황이 바뀌면 언제든 재지급 신청도 가능하다.

다만 연금 수령 시기를 추가로 연기해 노령연금액이 늘어나면, 연금소득세나 건강보험료 부담이 커질 수 있다는 점은 유의해야 한다. 연금 전액이 아닌 연금액의 일부(50%, 60%, 70%, 80%, 90%, 전부 중 선택)를 골라 연기하는 것도 가능하다.

못 낸 국민연금, 지금이라도 낼 수 있다

실직 등으로 국민연금을 내지 못한 공백기가 있다면, 추납(추후납부) 제도를 활용해 연금 수령액을 늘릴 수 있다. 추납을 신청하면 보험료를 못 낸 기간이 가입 기간으로 인정되어 연금액이 증가한다. 추납 제도는 휴·폐업, 실직, 사업 중단, 군 입대 등으로 보험료를 납부하지 못한 기간을 나중에 납부하면, 그만큼 가입 기간으로 인정받을 수 있는 제도다. 추납할 수 있는 기간은 국민연금 가입 대상이었으나 소득이 없어 보험료를 낼 수 없었던 '납부 예외

기간'과 보험료를 1개월 이상 납부 후 무소득 배우자나 기초생활수급자 등 사유로 국민연금 대상에서 제외된 '적용 제외 기간'이다. 단, 국외 이주나 타 공적연금 가입으로 제외된 기간은 추납 대상이 아니다. 국민연금의 최소 가입 기간은 10년(120개월)이며, 추납은 최대 119개월까지 가능하다. 추납 개월 수만큼 가입 기간이 늘어난다. 추납을 하려면 국민연금 가입자 자격을 다시 취득한 뒤 현재 보험료를 납부 중이어야 한다.

급할 땐 국민연금으로 대출받기

국민연금을 받는 중 갑자기 목돈이 필요할 때는 '실버론'을 이용할 수 있다. 실버론은 만 60세 이상 국민연금 수급자의 긴급 자금을 지원하는 제도로, 용도는 ① 주택 전·월세 보증금 ② 의료비 ③ 배우자 장제비 ④ 재해 복구비로 제한된다. 연금 수령액의 일부를 미리 당겨쓰는 방식이며, 연간 연금 수령액의 2배 이내(최대 1,000만 원)에서 실제 사용한 비용만큼 신청할 수 있다.

실버론의 장점은 시중은행 마이너스 통장보다 이자율이 낮다는 것이다. 은퇴자는 신용대출이 어렵다는 점을 고려하면 유리한 제도다. 이자율은 매 분기 5년 만기 국고채 수익률과 예금은행 가중평균 수신 금리(신규 취급액 기준) 중 더 낮은 쪽으로 결정된다. 상환 방식은 5년 이내 원금 균등 분할 상환이며, 거치 기간은 1년 또는 2년 중 선택할 수 있다.

집 한 채로 만드는
평생 연금

　주택연금은 주택 소유자가 본인의 집을 담보로 제공하고, 그 집에 계속 거주하며 평생 매월 노후 생활자금을 받는 국가 보증 금융상품이다. '연금'이라는 이름이 붙었지만, 실제로는 집을 담보로 한 대출 형태여서 '역모기지'라고도 불린다.

　집 마련에만 집중하느라 충분히 노후 준비를 하지 못한 은퇴자에게 주택연금은 안정적인 현금 흐름을 만들 수 있는 대안으로 주목받고 있다. 한국주택금융공사가 2007년 출시한 이래 가입자는 꾸준히 늘어, 2024년 2월 말 누적 가입자는 약 13만 7,800명에 달한다. 가입자의 평균 나이는 73.4세, 평균 월 지급금은 150만 원, 평균 주택 가격은 4억 6,000만 원이다.

가입 조건은 본인 또는 배우자가 만 55세 이상이어야 하고, 본인 또는 배우자 명의로 단독 또는 공동명의 주택을 소유해야 한다. 주택 가격은 공시가격 또는 시가 기준 12억 원 이하여야 하며(공사 기준), 부부 공동명의일 경우 합산 주택 가격이 12억 원 이하면 가입할 수 있다. 2주택 이상을 보유한 경우에도 1년 이내에 1주택만 남기고 처분하면 가입할 수 있다. 또한 신청 당시 해당 주택에 실제 거주하고 있어야 한다. 평생 내 집에서 살며 연금을 받을 수 있다는 것이 주택연금의 가장 큰 장점이다.

평생 내 집에서, 세금 걱정 없이 받는 연금

주택 담보 대출이 남아 있어도 주택연금 가입은 가능하다. 연금 중 일부를 일시금으로 미리 지급받아 기존 대출을 상환하고, 나머지는 매월 연금 형태로 받는다. 사망 후 상속인은 주택을 처분해 연금 지급액을 상환하고 남은 재산을 상속받게 된다. 지급 방식은 '종신지급형'과 '확정기간 혼합형' 등이 있다. 종신지급형은 국민연금처럼 사망할 때까지 연금을 받는 방식이고, 확정기간형은 10년·15년 등 정해진 기간 동안 지급받는 방식이다.

주택연금은 대출 형식이어서 아무리 많이 받아도 연금소득세나 건강보험료 부담이 늘지 않는다. 예를 들어 국민연금 수령액이 적어 주택연금을 더해 월 200만 원 이상을 받아도 피부양자 자격이 박탈되지 않아 실질적인 절세 효과가 있다.

가지고 있는 집값이 불안하다면, 지금이 가입 타이밍

주택연금은 가입 시점의 집값을 기준으로 연금액이 결정되기 때문에 이후 집값이 오르더라도 연금액이 늘어나지 않는다. 마찬가지로 집값이 하락해도 갚아야 할 대출액은 늘어나지 않는다.

주택연금은 국민연금처럼 물가상승률에 따라 연금액이 인상되지 않는다. 시간이 지나도 연금액이 변하지 않기 때문에 집값 상승 가능성이 낮거나 실거래가 어려운 부동산을 보유한 경우에는 현실적인 선택이 될 수 있다. 또한 주택금융공사는 매년 기대여명, 주택 가격 상승률, 이자율 등을 반영해 연금 지급 기준을 재산정한다. 최근에는 기대여명이 길어지고 금리는 높아지며 주택 가격 상승률은 둔화하고 있다. 따라서 같은 조건의 주택이라도 몇 년 뒤에 가입하면 받을 수 있는 연금액이 점점 줄어들 가능성이 크다.

자신이 사는 지역 집값이 잘 오르지 않아 불안하다면, 지금 주택연금에 가입하는 것이 유리할 수 있다. 다만 주택연금 월 지급금은 물가상승률을 별도로 반영하지 않는데, 이는 지급액 산정 시 이미 반영된 것으로 봐야 한다.

비싼 집으로도 주택연금 받을 수 있다

　연금 투자가 중요하다는 건 누구나 알지만, 실제로 퇴직급여와 개인연금을 모두 합쳐도 은퇴 시점에 주택 담보 대출을 갚고 자녀 결혼 자금을 지원하고 나면 노후 자금이 거의 남지 않는 경우가 많다. 특히 서울에 자가 아파트를 가진 경우 부동산 자산은 많지만, 현금 흐름이 부족해 노후 생활이 막막해지곤 한다. 공시지가가 12억 원이라면 재산세와 종합부동산세 등 보유세만 연간 300만 원에 달해 부담이 적지 않다. 그렇다고 집을 팔고 낯선 지역으로 이사하기는 쉽지 않다.

　그동안 주택금융공사의 주택연금은 1주택, 공시지가 12억 원 이하라는 조건 때문에 부동산 자산이 많아도 현금 흐름으로 바꾸기 어려웠다. 그러나 2024년 12월 금융

당국이 '혁신금융서비스'로 지정하면서 12억 원을 초과하는 주택도 역모기지 상품으로 활용할 수 있게 됐다. 2주택 이상 보유자도 신청할 수 있어 부동산 일부를 현금 흐름으로 바꾸려는 이들에게 유용하다.

'하나더넥스트 내집연금'은 하나은행에 본인 소유의 주택을 신탁 방식으로 맡기면, 하나생명이 본인과 배우자 사망 시까지 매월 정해진 연금을 지급하는 종신형 상품이다. 주택 가격과 상관없이 본인과 배우자가 모두 만 55세 이상이며, 해당 주택을 본인 또는 부부 공동명의로 2년 이상 보유하고 현재 거주 중이라면 신청할 수 있다.

신청자가 사망해도 연금과 주택에 대한 권리는 배우자에게 자동 승계되어 배우자는 동일한 연금을 평생 받을 수 있고, 주택에 계속 거주할 수 있다. 연금 지급 총액이 주택 가격을 초과해도 종신 지급이 유지되며, 금융사의 책임은 신탁된 주택으로 제한된다. 따라서 부부 사망 후 주택 매각 시 부족 금액을 상속인에게 청구하지 않으며, 남은 재산은 상속인이 받을 수 있다.

연금 지급 방식은 세 가지다. 매월 동일한 금액을 지급하는 '정액형', 초기 지급액이 높은 '초기 증액형', 일정 기간마다 지급액이 늘어나는 '정기 증가형'이다.

　민간 역모기지이기 때문에 주택금융공사의 주택연금보다 대출금리가 높아 가입자 부담이 클 수 있다. 하나더넥스트 내집연금의 금리는 10년 만기 국고채의 직전월 평균 금리에 1.3%포인트를 더하는 고정금리 방식으로, 2025년 5월 기준 금리는 3.95%다.

부록

부록1 은퇴자가 알아야 할 숫자 다섯 가지

부록2 은퇴를 생각한다면 자주 방문해야 할 홈페이지

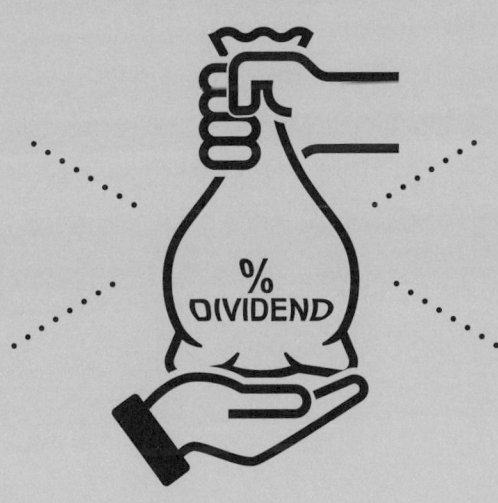

은퇴자가 알아야 할
숫자 다섯 가지

70

은퇴 자금을 모으는 데 복리의 힘이 얼마나 강력한지를 알려주는 숫자다. '70의 법칙Rule of 70'은 70을 연간 수익률로 나누면 자산이 두 배가 되는 데 걸리는 시간을 계산할 수 있는 간단한 방법이다. 예를 들어, 연 7%의 수익률이라면 70÷7=10년이 걸린다.

은퇴 자금이 부족할지 걱정하는 사람이 많지만, 복리의 힘 덕분에 수익률이 높은 자산에 투자하면 몇 년 안에 자산이 두 배로 늘어날 수 있다. 예를 들어 연 2% 금리에 예치하면 자산이 두 배가 되려면 35년이 걸리지만, 연 5% 수익률의 채권에만 투자해도 14년이면 가능하다. 만약 배당률 7%인 주식에 투자한다면, 주가가 오르지 않아도 10년 후에는 자산이 두 배가 될 수 있다.

55/65

개인연금과 퇴직연금은 만 55세부터, 국민연금은 만 65세부터 수령할 수 있다. 개인연금을 55세 이전에 수령하면 연금소득세 대신 기타소득세(16.5%)가 부과된다. 반면 55세 이후 수령하면 3.3~5.5%의 저율 연금소득세가 적용된다.

퇴직연금은 퇴직 후 일시금으로 바로 받을 수 있지만, 퇴직소득세를 30% 절감하려면 만 55세 이후에 연금 형태로 수령하는 것이 유리하다. 국민연금은 출생 연도에 따라 수령 가능 연령이 다르지만, 1969년생 이후는 만 65세부터 수령 가능하다. 조기노령연금 제도를 통해 최대 5년 앞당겨 받을 수는 있지만, 1년 일찍 받을 때마다 수령액이 6%씩 줄어든다.

은퇴 시기는 빨라지고 있지만 연금 수령 가능 시점은 정해져 있다. 은퇴 후 자금 공백을 피하려면, 수령 시점에 맞춰 꼼꼼한 재무 계획이 필요하다.

1,500만 원

개인연금을 수령할 때 연간 1,500만 원 이하로 나눠 받으면 3.3~5.5%의 연금소득세만 납부하면 된다. 그러나 이를 초과해 인출할 경우, 인출액 전액에 대해 16.5%의 기타소득세가 적용된다.

연간 1,500만 원은 월 125만 원 수준으로, 단독 생활비로는 부족할 수 있다. 개인연금만으로는 생활이 빠듯할 수 있으므로, 퇴직연금과 병행해 수령하는 것이 안정적이다. 또한 개인연금 계좌에 납입한 금액 중 연말정산 세제 혜택을 받지 않은 부분은 제한 없이 인출할 수 있다.

세제 혜택을 극대화하고자 하는 사람들은 매년 연금 계좌에 세액공제 한도인 900만 원 이상, 최대 1,800만 원까지 납입한다. 그만큼의 자금 운용 계획도 함께 세워야 한다.

1,000만 원

건강보험에서는 연간 1,000만 원이 넘는 금융소득(이자와 배당)을 거두면 이를 소득으로 파악한다. 그래서 다른 소득과 합쳐 2,000만 원을 초과하면 피부양자 자격을 잃고 건강보험 지역가입자로 전환된다. 지역가입자가 되면 부동산, 자동차 등 다른 자산까지 포함해 건강보험료가 부과되기 때문에, 소득은 늘었지만 실질 수익은 줄었다고 느끼기 쉽다.

피부양자일 땐 건강보험료가 0원이지만, 지역가입자가 되면 직장인 시절보다 보험료가 더 많아질 수도 있다. 세후 월 70만 원 정도의 배당·이자소득만으로도 자격이 박탈될 수 있는 것이다.

이 때문에 은퇴 후에도 연금 계좌를 활용해 배당소득을 줄이고, 과세 대상에서 제외되도록 관리해야 한다. 예를 들어 연간 999만 원의 배당과 이자소득이면, 건강보험료는 부과되지 않는다.

16.5%

배당소득세율(지방소득세 포함)이다. 이 세율은 단순히 배당금뿐만 아니라, 국내에 상장된 해외 주식형·해외 채권형·원자재 펀드 및 ETF 수익에도 적용된다. 예를 들어, 애플 주식을 100달러에 사서 200달러에 팔았다면 매매차익 100만 원에 대해서는 해외 주식 양도세 공제 한도(250만 원 이하)에 따라 세금을 내지 않는다. 하지만 애플 주식을 담은 펀드를 100만 원어치 샀다가 200만 원이 됐다면, 그 수익 100만 원에 대해 16.5% 세금을 내야 한다.

이런 세금 부담을 피하려면 연금 계좌나 ISA 같은 절세 계좌를 적극 활용해야 한다. 특히 해외 ETF나 펀드에 투자하려는 은퇴자라면 더더욱 그렇다.

은퇴를 생각한다면
자주 방문해야 할 홈페이지

국민연금공단

국민연금에 대한 전반적인 정보를 확인할 수 있다. 월 소득과 가입 기간, 납입 보험료를 입력하면 예상 연금액을 모의 계산을 할 수 있어 유용하다.

국민연금공단 중앙노후준비지원센터

노후 준비와 관련한 다양한 정보가 잘 정리되어 있다. 간단 재무 진단, 퇴직금 계산기, 생활비 진단표 등 실질적인 툴도 제공한다.

국민건강보험공단

건강보험료 모의 계산, 피부양자 자격 여부 확인 등을 통해 은퇴 후 건강보험료 부담을 사전에 점검할 수 있다.

금융감독원 통합연금포털
연금저축, 퇴직연금 등 다양한 연금 상품의 수수료·수익률 비교 공시가 제공된다. 연금 관련 세제 혜택 안내도 잘 되어 있어 연금 전략을 세울 때 참고하기 좋다.

한국주택금융공사
주택연금 제도에 대한 자세한 설명과 함께 예상 주택연금 수령액을 확인해 볼 수 있다.

전국투자자교육협의회
증권·펀드 투자, 연금 관리 등 기초 금융 교육 콘텐츠가 풍부하다. 투자 경험이 적은 사람에게도 유용하며, 절세 전략 관련 자료도 잘 정리되어 있다.

코스콤 ETF CHECK
코스콤에서 운영하는 ETF 전문 사이트. ETF를 유형별·테마별로 손쉽게 검색할 수 있고, 4개 ETF를 동시에 비교 분석할 수 있는 기능도 유용하다. 배당수익률 순으로 ETF를 정렬할 수도 있어 실용적이다.

미래에셋투자와연금센터
금융 상품뿐만 아니라 보험, 건강, 주거 등 노후 전반에 걸친 정보를 다룬다. 글로벌 금융시장 관련 리포트도 꾸준히 업데이트되어 있어 참고하기 좋다.

인베스팅닷컴
국내외 주식과 ETF의 시세 흐름과 배당수익률을 손쉽게 확인할 수 있는 종합 금융 정보 플랫폼이다.

야후 파이낸스
영문 사이트지만, 미국에 상장된 개별 종목과 ETF의 배당 이력, 재무제표, 관련 뉴스까지 폭넓게 제공된다. 국내보다는 해외 주식에 관심 있는 투자자에게 적합하다.

한 권으로 끝내는
절세 배당 은퇴 공식

초판 1쇄 2025년 7월 4일
초판 3쇄 2025년 11월 25일

지은이 김제림
펴낸이 허연
편집장 유승현

책임편집 고병찬
편집부 정혜재 김민보 이예슬 장현송
마케팅 한동우 박소라
경영지원 김정희 오나리
디자인 김보현 한사랑

펴낸곳 매경출판㈜
등록 2003년 4월 24일(No. 2-3759)
주소 (04557) 서울시 중구 충무로 2(필동1가) 매일경제 별관 2층 매경출판㈜
홈페이지 mkbook.mk.co.kr   **스마트스토어** smartstore.naver.com/mkpublish
페이스북 @maekyungpublishing   **인스타그램** @mkpublishing
전화 02)2000-2610(기획편집) 02)2000-2646(마케팅) 02)2000-2606(구입 문의)
팩스 02)2000-2609 **이메일** publish@mkpublish.co.kr
인쇄·제본 ㈜M-print 031)8071-0961
ISBN 979-11-6484-788-4(03320)

ⓒ 김제림 2025

책값은 뒤표지에 있습니다.
파본은 구입하신 서점에서 교환해 드립니다.